U0124691

启真馆 出品

摩登图释

陈建华——

著

浙江大学出版社

图书在版编目（CIP）数据

摩登图释 / 陈建华著 . —杭州：浙江大学出版社，
2023.8

ISBN 978-7-308-24024-6

Ⅰ.①摩…　Ⅱ.①陈…　Ⅲ.①汉语–社会习惯语–中
国–近现代–图解　Ⅳ.①H136.4–64

中国国家版本馆CIP数据核字（2023）第127680号

摩登图释

陈建华　著

责任编辑	叶　敏
责任校对	汪　潇
装帧设计	罗　洪
出版发行	浙江大学出版社
	（杭州天目山路148号　邮政编码310007）
	（网址：http：//www.zjupress.com）
排　　版	北京辰轩文化传媒有限公司
印　　刷	北京中科印刷有限公司
开　　本	880mm×1230mm　1/32
印　　张	11.75
字　　数	202千
版 印 次	2023年8月第1版　2023年8月第1次印刷
书　　号	ISBN 978-7-308-24024-6
定　　价	78.00元

自　序

　　"好玩！"一位朋友看了书稿说。好似说不枯燥、有趣，于是我欣欣然。"好玩"有时也表示做学问达到游戏潇洒的境界，这我不敢说，但希望不枯燥、有趣，或能多几个读者。

　　确乎做这本书出于兴趣。在我的关于周瘦鹃和张爱玲的书里有许多图片，这次不一样，以词语为主题，图像也是主体。这看似一种文明返祖现象，就像中国文字，先是象形的，后来变成笔画符号。没有自我神化的意思，只是在我的记忆里小时候住在虹口，我哥哥住在我大姨妈家，他来看我的时候带了几本看图说话的书，成了我最初的启蒙读物。我开始咿咿呀呀地读，像唱山歌一样快活。

　　所谓"摩登"，内容不外乎上海，从晚清到民国的上海，以十二个词图说摩登上海，也许会让人想起李欧梵先生的《上海摩登》，虽然"摩登"之成为口头禅，也是数十年来风气使然。

李老师一直在提倡文化史研究，这本书也含有我的文化史方面的兴趣。十二个词像杂碎拼盘，选择上有点考虑，但不周密，不成系统，其中"西方美人"、"游泳"、"富春老六"等已经发表过，如"杨贵妃"、"电车"等做过讲座，这次做了些修改补充。"丝厂女工"和"独轮车"这两条，累积了不少图像，于是临时起意，给"魔都"加入一点边缘元素。总之近水楼台，因缘凑巧，看看图片几乎超负荷了就打住，成了这么一本四不像的书。

如果每张图是一个点，那么点点串成岁月的线。最早可回溯到我在哈佛的时候，毛估估近四十年了。因为把周瘦鹃当作研究对象，所以接触有关上海的资料。燕京图书馆的藏货可真不少，架子上放着成套的杂志，像《半月》《小说世界》等，现在尽管有了资料库，要找全也不容易，要看封面和清晰的照片还得找原件。还有大量的胶卷，都是从上海图书馆买的，《字林西报》《申报》《新闻报》等等。事隔多年李老师笑着说，"你知道那时你叫什么来着？只见你整天泡在燕京图书馆里，大家管你叫书呆子"。我是一边看周瘦鹃的资料，一边看上海，常常好似从岛屿下海，漫无边际地游了开去。比方说在《字林西报》上看到了夏令配克影戏院开张首映 How Heroes Are Made 的广告，发觉周瘦鹃在《游戏杂志》上的小说《何等英雄》就是写这部电影的，便欣喜不已，眼前映现他看电影的情景。后来我住在石门一路上，出门走几步便至南京路，拐弯是新华电影院，前身即夏令配克。搜索周瘦鹃却心有旁骛，《字林西报》一卷卷看下去，胶卷的药水味熏得我头晕反胃，考据癖上了瘾，不惮烦琐地弄清那些西人影戏院映过哪些卓别林的影片，何时上映了葛里菲斯，何时出现了丽琳的名字……还看到关于伦敦和巴黎的fashion（时尚）的报道，不知道有什么用，却印刻在脑中。我想文化是一个整体，其中任何物件都有存在的理由，说不定哪天会在研究过程中发生蝴蝶效应。

我欲熟悉这个城市的前世今生，在各个角落里闲逛，张开感官的触角，这里嗅嗅，那里舔舔。那是一段美丽的日子，因为产生了乡愁这样东西。上韩南老师的课，一学期读《海上花列传》，每周逐章讨论。就像小说把十里洋场比喻作"花海"，我们想象游历其中。长三妓女乘马车兜风，从四马路到静安寺，是我生于斯长于斯的地方。马蹄哒哒随岁月流转，谈论这部小说的越来越多，那都是后来的事了。

某天上网查《全国报刊索引》，心血来潮想起《海上花列传》里的"时髦倌人"屠明珠，出于好奇输入了"时髦"这个词，出来一大堆，有不少图像，继而输入"时尚"，结果刷新了我的脑洞，有的事情匪夷所思。上面提到《字林西报》早就有"fashion"一词，以时装为主，兼及其他风尚。1873年《申报》上杨勋的《别琴竹枝词》中有 fashion 的洋泾浜翻译，how fashion 被翻成"好法身"，是 what for 或 how（如何）的意思，和衣饰时尚无关（顾炳权《上海洋场竹枝词》，上海书店出版社，1996，页 28-29）。张小虹教授发现 1929 年的《民国日报》上有人把 fashion 译成"翻新"（《时尚现代性》，联经出版公司，2016，页 73）。这个翻译很酷，其实早在 1869 年的《教会新报》就有"衣翻新式"之语，1872 年《申报》中海上逐臭夫的《沪北竹枝词》曰："花样翻新任讨探，不愁妆束入时难。随身别有银査具，方寸菱花席上安。"注曰："青楼中衣饰岁易新式，更有极小眼镜，观剧侑酒，皆随置座间。"（顾炳权《上海洋场竹枝词》，上海书店出版社，1996，页 10）这"花样翻新"与 fashion 堪称绝配，民初鸳鸯蝴蝶派文人也使用，似乎没人点破说它是翻译。后来民国初年有了英文《大陆报》，报道上海商铺里 fashion 的样式，推销洋行里各种衣料。大体上说这类英文报纸跟中文世界的联系不那么直接，各有目标读者，好像桥归桥，路归路，但《图画日报》常提到华人的衣饰来自外国的影响，是看样照样的模仿还是与 fashion 的观念有关，一时还弄不清。

"时髦"一词古代已有，在晚清民国生生不息，含时尚之意在流通着，或许太流行，把 fashion 挤掉了。在张爱玲的小说里，早期的《传奇》和晚期的《小团圆》，都有"时髦"。鲁迅、郭沫若也都用，"时髦"也认人。另一个神奇的词是"摩登"，原是佛经故事，因为尚小云的《摩登伽女》而触发了蝴蝶效应，比"时髦"更具文化异杂性，经由古代印度和现代日本，与英文 modern 谐音，产生共情，遂由"现代性"推动而一发不可收。这两个词在"魔都"的风景线上联袂舞蹈，展示了形形色色的时尚景观。我们一向习惯于"时代"或"现代"等词，在晚清从日本输入而深植于意识中。如梁启超在《清代学术概论》中纵论"时代思潮"，施蛰存创办《现代》杂志，茅盾在《蚀》三部曲中描写"时代女性"等，在思想史、文学史上皆不只可圈可点。的确，在使用频率上"时髦"、"摩登"远不能和"时代"、"现代"相比，却游离于宏大叙事、政经论坛和学院象牙塔之外，带着本土语言的活力，模糊了雅俗和新旧的界限，不断延展都市大众和媒介的嘉年华狂欢的飞地，不啻商品和消费的乌托邦，充满感性、物性、身性和对美好生活的欲望和愿景。

语言充满谜团。为什么把某种颜色叫"绿"而不叫"黄"？照语言学家索绪尔的说法那是随机而专断的。还有"时尚"这个词，清代钱泳《履园丛话》说："今之成衣者，辄以旧衣定尺寸，以新样为时尚，不知短长之理。"照这个解释若把 fashion 捽成"时尚"可谓天衣无缝，然而在民国时期这"时尚"大约因为缺少点色香味，极少流通，直到二十世纪末全球化大潮中方与 fashion 配对而畅通无阻。

二十世纪末西方学界发生"视觉转向"或"图像转向",学者试以图像资料建构新的历史叙事,美术与电影研究领域首当其冲。2012 年荷兰博睿出版社出版了 Christian Henriot（安克强）与 Wen-hsin Yeh（叶文心）主编的 *Visualising China, 1845—1965: Moving and Still Images in Historical Narratives*（《视像中国,1845—1965：历史叙事中的动静图像》）一书,可说是一种呼应。十篇文章各有主题和图像类型,包括照相、广告、肖像画、宣传画、电影。方法上以图证史。的确,如清代对罪犯进行"凌迟"的照片十分稀罕而震撼,彰显历史叙事的不足,或如"文革"时期的政治宣传画表明图像史是历史学的必要组成部分。事实上图文互补,图像需要文字来解释,所谓"视觉转向"也是相对而言。我这本书以语词贯穿,图像类型更多,有的具新闻性,具史料价值,有许多漫画也具即时性,更多是感情的表达,读者在莞尔一笑之余,也许会想到什么不相干的东西。

现在有"一个词即一部文化史"的说法,这大约是指雷蒙·威廉斯的《关键词》一书中所列出的一类词,如清末从日本传入的"文明"、"自由"、"社会"之类的"新名词",对近现代中国产生巨大影响,近几十年来对它们做的"概念史"或"观念史"研究成为重新认知近现代思想演进的重要方式。本书中的这些词大概算不得这类关键词，但各有文化意涵，展现一些城市文化的面向，涉及感情史、时尚史、图像史、物质史和城市史等。我曾写过《火车小史》，却见"小"辄止，此书中的"电车"仅标示"电车文化"的几个时空点。不过我觉得这些方面对于了解"海派"文化的历史和重现我们父祖辈曾经耳濡目染的生活场景，都不可或缺，希望能得到更多的关注甚至研究。

那些《点石斋画报》里的"西方美人"图，对于中国妇女史来说，实在是值得重视的材料。后来模仿成风，包括男子，继之以好莱坞女星，大量见诸报纸杂志，自成一种图像史。在文学上也有影响，如民初徐枕亚的悲情小说《玉梨魂》风靡一时，书中有个梨娘的"作西洋女子装"的小照的细节。一个矢志守节的寡妇私下里把这小照送给青年家庭教师，颇富挑拨情动的意味。《点石斋画报》采用照相与石印制版法，标志着西洋透视画法的肇始，美术史上对此津津乐道。画师中吴友如是佼佼者，但他的《申江胜景图》里"缫丝局"图显然是受西画熏染之前的画法。吴友如和画师们的表现参差不齐，如李焕尧《离婚奇断》一图右边的建筑物完全不合透视法则。1909年的《图画日报》也是石印画报，未结合照相技术，显然不受透视法的影响，可知写实主义的中国移植经历了曲折的过程。

论者认为《点石斋画报》展现了"全球想象图景",持续十四年全景式地描绘了上海,有城即有人,街道里弄,妓院烟馆,节庆花车,从大马路、二马路、三马路、四马路乃至静安寺、江边码头、近郊野外……突显了人与城市空间的依存关系,以志怪聊斋式的惊悚手法形塑了喧嚣混杂、瞬息变幻的城市心态,建构了市井风情、茶余饭后的"想象共同体"。彼得·伯克在《图像证史》一书中说,学者对图像的印证或取代历史叙事的功能存在争议,但图像性自身具重要性。确乎就几种妓女史而言,邵雍《中国近代妓女史》和安克强《上海妓女》皆为文字叙事,贺萧《危险的愉悦》有些图像,而叶凯蒂《上海·爱》则意味着视觉转向,所附大量图像使历史叙事具象化,读来赏心悦目;图像含各种类型,涉及不同的视觉技术与生产方式,而图像意涵的不确定性带来多方阐释的可能。

妓女乘马车炫耀奇装异服,从四马路到张园招摇过市,是叶凯蒂书中的亮点之一。这种"上海公众面前最绚丽的风景"或"新的都会性格"以女性在公共领域的自由行动为前提(杨可译《上海·爱》,香港三联书店,2013,页66),《视像中国》一书中称之为"visibility",也指图像呈现的"可观性",学者们对此深感兴趣,这有利于纠正"妇女解放"始于十九世纪末反缠足、开女学堂甚或始于"五四"的习惯看法。从这一点来看

《点石斋画报》则大有裨益。本书中金蟾香的《乃见狂且》图中的丝厂女工，最早随着工业化而出现于公共场所，这可说是一种"公共性"（publicity）的体现。而艮心的《花样一新》图中妓女各穿时髦服装争奇斗艳，是"时装"风尚的雏形，在公共性基础上体现了"可观性"，更具消费和审美价值，虽然丝厂女工也是担当了"公共性"的先驱角色。

图像中常有象外之意，展玩之际别有意趣。《乃见狂且》谴责流氓对缫丝女工的欺凌，画面左边是日本茶楼，租界上颇多日妓，由是题词对租界沦为"化外之地"而发感叹，遂使主题错位。《花样一新》不光讲妓女时装，也是海上文化上全球文化流通杂交的缩影。图像的多义性与细节有关，在文化史家眼中类似罗兰·巴特在《明室》一书中所说的"刺点"（punctum），向不同的时空发散，与各种历史脉络相链接，从而发挥图像证史的优点。

自《申报》上"竹枝词"中的"时式衣裳"到吴友如《飞影阁画报》的"时装仕女"专栏，可见沪上服饰翻新的风气在社会面的扩展和延伸，到《图画日报》中时尚意识趋向于成熟，不仅是时装，包括镶金牙、抽纸烟、戴墨镜、携手袋等方面，说明追求"时道"具某种普遍性，这些跟人口增长、商业发展与物质文化的丰富都有关。题词中充满关于服装样式和制衣面料等细节，如花缎、绉纱、洋灰鼠等基本上来自外商开办的洋行。的确，十九世纪下半叶上海的洋行林立，是提供奢侈商品的基地，由此打造了当红妓女的消费世界。连玲玲在《打造消费天堂》（社会科学文献出版社，2018）一书中指出，由于受到国族主义历史诠释的影响，至今所注重的是对华商"四大百货公司"的研究，对洋行还有待关注。其实晚清以来上海的文学与文化已经有很大变化，应当把十九至二十世纪作为长程历史来考察，这样可避免"新""旧"观念的局限而有助于观察历史的连续与断裂之处。

每个细节含有主题，如镶金牙、抽纸烟等各有其系列的生成和发展脉络，更大些如时装史、物质史或感情史皆可作如是观，由是织成历史。此即福柯在《知识考古学》中所说："它导致不同系列的个体化，这些系列彼此并置、前后相随、部分交叠、相互交错，但又不能将它们简化为线性图式。"（董树宝译，北京生活·读书·新知三联书店，2021，页9）所谓"线性图式"指的是"宏大叙事"的模式，把历史看成某个目的性的运动，把人类的一切行为纳入某个意识形态的框架之中。就服装史方面吴昊的《都会云裳》（香港三联书店，2006）是一本先驱之书，但首章"辛亥革命与服饰革命"就把服装上的变化看作政治革命的结果，两者混为一谈，当然这是当时通行的叙事模式，是不足为怪的。

《图画日报》表明女装的突变，由圆领宽袖变为高领窄袖。张爱玲在《更衣记》里说这一"严重的变化发生在光绪三十二三年"，即1906—1907年间，《图画日报》出现于1909年，这推断大致不差。从她的小说集《传奇》的封面乃借自吴友如《飞影阁画册》来看，似乎是做过一番研究的。她又把这一变化归因于铁路的通行，颇有一种历史唯物主义的卓见。

当初吴友如脱离《点石斋画报》而自立门户，创办了《飞影阁画报》，有人觉得可惜，其实他别有怀抱，包括对时装的兴趣，对于作家、艺术家来说似乎开了个头，步其后尘的有沈泊尘与丁悚的《百美图》。二十世纪二十年代但杜宇在《时报图画周刊》上、鲁少飞在《申报》上皆发表时装插图，江小鹣、叶浅予和云裳公司的设计和广告搭界等。至四十年代张爱玲与其闺蜜炎樱想开个服装设计店。这里仅举我所知道的几个，只是觉得对于服装史来说这类报刊资料实在很多，还没得到充分利用。

一个词也有变化的时间节点，如杨贵妃的"出浴"一词，在1911—1912年之间，通过杂志媒介与"浴场"、"裸体"等互文加图像对接了起来，此后这几个词滚雪球一般拓展各自的领域，文化上的影响难以道里计。间隙中发生了辛亥革命，然而文化有其自身延伸的轨迹，与革命没直接关系。

"出浴"这个词很奇怪，是个动宾搭配，情动的能量奇大。首先是对乱世佳人的模仿冲动，波及与泳池浴缸沾边的女明星，衍生纸媒与视觉制作的产业链，演绎无量啼笑人生的戏码。杨贵妃传奇蕴含着传统的魅力，从心理分析的视角看，多半是力比多的基因所致，"时髦"和"摩登"也如是，否则难与"魔都"摩擦生电。另有"香艳"、"肉感"等词，充斥于文艺作品和影戏广告中。这些词语如浮花浪蕊，却能传递作为大都会的活力和魔力。本书有多幅丁悚的漫画，丁悚去年出版了他的《四十年艺坛回忆录》，书中各界艺人影星的故事生动体现了力比多与文明规训之间的张力。的确，力比多是测试一个城市活力的指标，它受到行政管制、公共道德和行为规范等方面的制约，包括中产阶级的"体面"观念，其中传统的诚信伦理价值也在起作用。

　　书中《今代妇女》杂志里有两幅女性"交腿"图，文字解说"交腿坐法不宜于大庭广众之中"，显然含有文明规训的意味，但在女性立场上这是自适自信的表示，也是推动"摩登"的标记。其实在妓女那里交腿姿势不足为奇，如《紫罗兰》杂志中"富春楼"的照片，或许把她们视为社会另类而不屑一顾，但她们善于利用资本与技术作"可观性"呈现，拓展社会空间的中间地带。或者更早《海上惊鸿影》中的林黛玉，交腿而坐的姿势被长衫遮掩，男装和折扇映衬出她的眼神，洋洋自得之中含有一种对文明成规的蔑视。现今身体姿势已成为文化史研究的有趣课题。姿势的艺术表现形式可称为"套式"，如《太平洋画报》上的富春楼，斜身靠在一张特制的椅子上，这远比直立更具观赏性，神态和手势也更为舒展。这种斜躺姿势，就我所见，在吴友如的《飞影阁画册》中已经出现，其"套式"在清末妓女当中流行，如唐振常主编的《近代上海繁华录》中可见那种斜靠的沙发，式样和制作上相当精致。有趣的是《漫画界》中有一幅《比跑车更时髦的鸡公车》，年轻姑娘斜坐在独轮车上，显然是一种因袭套式的摆拍。杂志编者将此标榜为"摩登复古"，含有现代性吊诡的意涵。你也说这是一种噱头，却不乏思想。雷蒙·威廉斯在《马克思主义与文学》（Raymond Williams, *Marxism and Literature*, Oxford University Press, 1977, pp. 173—179）一书中把"套式"（convention）作为文艺创作的重要范畴，认为在形式因袭中表现了大众喜闻乐见的感知方式与民族的感情结构，当然这理论也适用于图像研究。

总之，十二个词提供了许多角度，如体育、交通、时尚、艺术等，大多离不开都市与女性，它们不免是碎片随机的，然而海纳百川，盘根错节互相指涉，汇总为现代文明长驱直入欲进又止的景观。我这里拉扯了一阵，对本书稍作回顾性联想，不无思维游戏的意味，不当之处在所难免，若能给读者带来文化的兴趣，便是我最大的满足。

　　本书的出版得到浙江大学出版社启真馆吴兴文先生的鼓励和支持，在编校过程中叶敏女士做了认真仔细的工作，谨在此向他们表示诚挚的感谢。

2022年12月12日于沪上寓所

目　录

西方美人

中国从来自视为天下文明的中心，以域外为未经开化的"蛮夷"之邦，即所谓"夷夏之别"，史籍中言及外国女人时称之为"番女"或"夷妇"。直到晚清才渐渐产生全球观念，输入新知，改称"西方妇女"或"洋女"，似较少偏见。认知转变的过程曲折而复杂，因时因地因人而异。晚清人开始走出国门，最初是一些朝廷派往各国的驻外公使，他们的日记或游记涉及对于西洋妇女的观感。1877年起郭嵩焘作为驻英公使多次受邀参加官方或夫人茶会，对外国女性衣着美艳、在公共场合自由社交感到新奇而赞赏。次年他加以仿效，在自己官邸举行了一次盛大茶会，近八百人参加，他偕夫人招待来宾，但消息传到国内后备受非议，被认为不成中国体统，贻人笑柄。继郭嵩焘之后的驻英公使刘锡鸿，是郭的政敌，就大不一样，在《英轺日记》中描写他在舞会上见到："男与女面相向，互为携持。男以一手搂女腰，女以一手握男膊"，"女子袒露，男则衣襟整齐"，"殊不雅观也"（《英轺日记》，岳麓书社，1985，页151）。

1902年梁启超创办《新民丛报》，改弦更张，由政论转向思想论述，以世界文明发展为线索介绍西方思想与重估中国文化传统。在第三号上发表了《论中国学术思想变迁之大势》一文，纵横宏论之际，却有一段异乎寻常的性感表述：

> 盖大地今日只有两文明，一泰西文明，欧美是也；二泰东文明，中华是也。二十世纪则两文明结婚之时代也。吾欲我同胞张灯置酒，迓轮侯门，三揖三让，以行亲迎之大典，彼西方美人必能为我家育宁馨儿以亢我宗也。

改了思路和视点，赋予"西方美人"全新视角。照现在文学史的说法，进入二十世纪意味着中国文学跨进了"现代"。梁启超用结婚来比喻中西文明进入新世纪的浪漫之旅，极富仪式感与想象力，但仔细想想，似天真的可爱。这样张灯置酒的迎亲大典似乎还是老式的，梁启超大概想不到不久西洋式的自由结婚开始在上海等地流行开来。他把中国人当作迎娶的一方，有点一厢情愿，但就其凸显中国主体性来说也可理解。不妨想象新郎挑开新娘的面纱时，"哇，西方美人啊！"所谓"宁馨儿"，直白说就是白白胖胖的可爱小儿，是个混血儿，在这上面梁启超又显得很开放，这应当出自当时一种颇为流行的救国强种的观念，他自己就对于衰败中的中华"老大帝国"痛心疾首而力主改革，对此我们耳熟能详。

梁启超把"西方美人"比作抽象的"文明"，另一方面又指女性的身体，后来的使用具有这两种意义，更多指后者。

称"西方美人"并非始于梁启超。朱文炳的《海上竹枝词》成书于宣统元年（1909），其中一首："省识西方有美人，欧洲女子好丰神。轻纱罩面裙拖地，楚楚纤腰迥出尘。"（顾炳权《上海洋场竹枝词》，上海书店出版社，1996，页199）这是在租界上走动的西洋女子，戴着面纱，看不清长得咋样，但称她为"美人"，因为外形"好丰神"，尤其是"楚楚纤腰"合乎中国人的审美标准。

更早的，有个叫黄富民的文人，因太平军之乱而逃至上海，后来写了《洋场赋》，描写"西方美人，北里荡子；操语如莺，慕羶似螳。方并肩以步行，羌握手而目眙。揎来玉臂，扶檀郎紧傍纤腰；启彼朱唇，唤宋鹊乍呈皓齿"（《黄富民上海洋场赋》，《小说月报》，1926年第1期）。如"玉臂"、"纤腰"、"朱唇"和"皓齿"等，把描绘"美人"的词全用上了。但是这《洋场赋》以"野鸡世界，壁虱楼台"开头，把洋场比作妓院，龌龊堕落，同样用"慕羶似蟷"形容两人的亲昵，都表达了作者极度厌恶的心理。这个与"北里荡子"一起逛街的"西方美人"，似非"野鸡"莫属，事实上租界也有些外国妓女，黄式权的《淞南梦影录》（1883）说"西国青楼，多在二洋泾桥一带"（上海古籍出版社，1989，页124）。

上海自十九世纪中叶开埠之后，出现西方女子不足为怪。这篇《洋场赋》约作于十九世纪六十年代初，既然以上海为主题，似可视作最早的海派文学了。

在这样的背景里看《点石斋画报》中有关西洋女子的图文，就很惊艳。画报于1884年创刊，止于1898年，共4666幅图，内容有关中国和世界各地的新闻奇事，为大众喜闻乐见，影响深远。画报涉及西方女子的生活情状和异域风土人情，对于中国人来说简直是闻所未闻，富于启示作用。

《赛美大会》（图1）图说英国举办美人选举大会，参加的包括法国、德国、意大利、比利时与西印度岛等，年龄从十六岁至三十五岁，第一名是十八岁的法国女郎梳利加，获五千法郎，以及第二、三名等。解说词形容这些美女"风韵嫣然，翩翩欲活"，还说因为西国画士给报馆带来了图册，才目睹了大会盛况，决定画出来和读者分享。

《银铸美女》（图2）图中，美国芝加哥某广场上矗立着一座

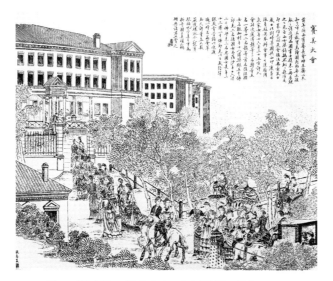

图 1　张志瀛，赛美大会，《点石斋画报》，1890

图 2　何明甫，银铸美女，《点石斋画报》，1893

七尺高的银色雕像，一个女子站在巨鹰之上，她在世界赛美会中夺冠，其"绝世姿容"被铸成雕像。图中男子举帽向银像敬礼，传递了尊重女性的信息。

图 3 吴友如，西例成婚，《点石斋画报》，1885

《西例成婚》(图3)介绍了西方的结婚仪式:"西俗凡男女配合而为夫妇者,必署券,领事为签字;行礼于教堂,必设誓,掌教为主婚。"还有伴郎伴娘、亲友祝贺等细节。

图4 田子琳,总统完姻,《点石斋画报》,1886

《总统完姻》(图4)报道了美国总统格罗弗·克利夫兰的结婚消息:"美为民主之国,总统四岁一举。今总统名格拉威郎,于华历五月初一晚七点钟时完婚,所娶系大状师之女,名福尔生。与总统对面立而手执书卷者，为牧师。贵官命妇，按品分列，赞襄婚礼，诚隆礼也。"

图 5　艮心，贺婚西例，《点石斋画报》，1888

《贺婚西例》（图 5）介绍西方结婚习俗，结婚五年为"木婚"、十年为"锡婚"、十五年为"水晶婚"、二十五年为"银婚"、五十年为"金婚"、六十年为"钻石婚"。这些题词对西方习俗津津乐道，虽然有时不免带有惊诧和困惑，因为跟中国习俗差异太大。

图 6　跳舞结亲,《点石斋画报》, 1889

　　《跳舞结亲》(图 6)的题词说, 在西方跳舞是一种社交、择偶的方式。男女各家约好在某处聚会。到时候,"红男绿女, 结伴而来。广厦宏开, 鼓吹竞作。男抱女腰, 女搭男肩; 彼以跳来, 此以舞往。绕屋数匝, 力倦而止"。青年男女出是相识, 两人"时而尊酒对酌, 时而盃茗谈心。往来既稔, 女心十分爱悦, 然后结朱陈, 为秦晋云"。在中国, 男女婚嫁要通过媒人, 那是古代周公立下的规矩，因为"重洋远隔，周公固未尝到矣"，意思说他没见过世界，所以其规矩也是囿于一乡之见。

图 7　张志瀛，恰斯送行，《点石斋画报》，1889

"恰斯"即 kiss，今译"接吻"。《恰斯送行》（图 7）题词说法国有两兄弟将远行，家人送行，嫂子与小叔子、媳妇与公公均以接吻作别，"又闻亲嘴之法，须喋喋有声，西语谓之恰斯"，使人如闻其声。又说西方人崇尚"情"，中国人注重"仪"，方式不同，其"尽礼"的意义是相同的。

图 8　何明甫，西妇聚会，《点石斋画报》，1893

《西妇聚会》（图8）图中车马辏辐，众多妇女聚在一起，皆窈窕华贵、盛装端庄，题词曰：

中国风气重男轻女，故有以妇人而用事者，辄讥之曰牝鸡司晨，明乎阴阳之不可颠倒也。泰西则不然，其贵女也尤甚于男，是以闺阁才华小层见而迭出。近有所谓女医士、女状师、女司舟、女官宰者，不一而足，何西国闺才之盛，竟卓绝一时耶？

题词对于"贵女也尤甚于男"这一点称赞有加,尽管这对于中国传统是"阴阳颠倒"的。还提到在英国方兴未艾的妇女参政运动,称赞参加集会的妇女们"议论滔滔,各抒己见,咸有侃侃而谈,旁若无人之概。是役也,以三千之众,俱属巾帼中人,转觉须眉之气不敌脂粉,亦可为裙钗中吐气矣"。作者觉得这些妇女比男性更有出息,态度很开放。

图 9 李焕尧,离婚奇断,《点石斋画报》,1884

《离婚奇断》（图9）图中，远处房屋里法庭在审理一件奇特的案子，一个妇人要求和丈夫离婚，理由是他年老齿豁，面目可憎。法庭予以驳回。题词称赞法庭的判决，认为在中国只听说男人嫌弃妻子的事情，哪有妻子提出和老公离婚的？认为这样的女子令人匪夷所思。

图10　艮心，鬻夫息争，《点石斋画报》，1889

《鬻夫息争》（图 10）也十分离奇。妻子发现丈夫有外遇，得知他和情人逃离他乡，她追到两人，并报案。丈夫求饶不已，妻子跟那个女的说，我可以不告他，只要给我二百元，他就算是你的了。女的说身上只有五十元，其余数目分三个月还清。妻子同意，就让他们走了，这件事就皆大欢喜地了结了。题词说这个男人只值二百元，也够贱的了。

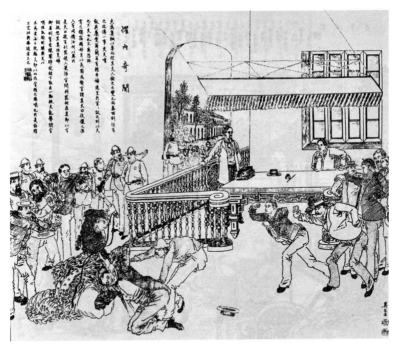

图 11　吴友如，惧内奇闻，《点石斋画报》，1885

《惧内奇闻》（图11）的故事发生在英国爱尔兰。妻子把丈夫告上法庭，说他不愿与她同床，法官问丈夫什么原因，丈夫说她异常凶悍，妻子非常生气，当场从裙下取出一件东西痛打丈夫。法官验看这件凶器，原来是木制的假脚。众人哈哈大笑，法官也难作判断，不了了之。题词说"夫为妻纲，以妻而控其夫，人伦之大变也"，妻子控告丈夫，对于中国传统来说不可思议，语气中饱含惊骇。

图12　金桂，狮吼笑谈，《点石斋画报》，1893

《狮吼笑谈》（图12）的情节有点相似，也是在法庭上，美国一妇人控告丈夫，丈夫来到法庭，妻子见了他就怒从心起，用脚踢他，不料用力过猛，她的一只假脚松了绑而飞向空中。原来这妇人长得漂亮，却异常凶悍，在家常虐待丈夫和佣人。法官把她教训了一顿，妇人不爽离去。

图 13　田子琳，佳偶怨偶，《点石斋画报》，1885

《佳偶怨偶》（图13）中的女子更离谱，讲的是一日本驻德公使与一比利时女子谈恋爱，久而久之，女方意欲谈婚论嫁，男方迟迟不应，后来知道他原来是有妇之夫，气愤中举枪威胁，不料枪中装有子弹，一扣扳机把男方头颅打爆了。法官要她抵罪，题词者于心不忍："天下惟男女之情为至情，其情至固结莫解处，真有馈不食，寝不安，极天下至奇至好之物而无以易其心。"对她的至情痴心表示同情，认为不能完全怪罪于她。

图14　金桂，西妇善御，《点石斋画报》，1890

《西妇善御》（图14）的题词说，街道上通常行驶的是独轮车、东洋车和马车，而这位在新加坡街上的女子，坐在特制的脚踏车上，用一脚踏转机动器，在稠人广众中穿行如飞。如果是男人来驾驶这种车子也不免寒噤噤，更何况是一个女子，其"绝技"令人赞叹。

图 15　金桂，漏税巧计,《点石斋画报》，1892

《漏税巧计》（图 15）说美国一妇女，经常来往于芝加哥与纽约，除行李外带着一个鹅笼，原来她做钻石生意，纽约要抽重税，于是先让鹅吞下钻石，过了海关再取出，高价出售，因为漏税而获得巨利。

图 16　何明甫，女金刚，《点石斋画报》，1898

《女金刚》（图 16）也是说美国的一个漏税女子，以售酒为业，不领执照，也不交税。政府去查，却抓不到她，因为她体重六百九十磅而走不出门户，长年待在屋里。法律规定不能私闯民户，警察只是可望不可即，拿她没办法。

图 17　金蟾香，削鼻求艳，《点石斋画报》，1894

　　《削鼻求艳》（图 17）说的是纽约一女伶，名噪一时，自觉鼻骨太高，经过医生手术，更为美貌。这种整容术在当时大概很稀奇，在今天则司空见惯。

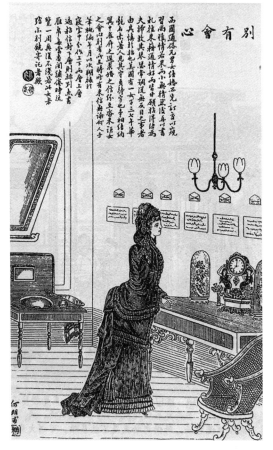

图 18　何明甫，别有会心，《点石斋画报》，1892

　　《别有会心》（图 18）中有一美国女子，二十出头，以美貌艳质闻名遐迩，示爱求婚的书信络绎不绝，她把这些信贴在墙上，上面是信封，下面是信笺。"每当香闺绣倦时，流览一周，兴复不浅。若此女者，殆亦别饶寄托者钦？"对于这个独身女子，题词者说她这么做别有"寄托"，抱一种有趣的欣赏态度。

众所周知，中国妇女从来受礼教束缚，基本上足未出户，直到清末戊戌变法运动，妇女问题进入改革议程，开始放小脚、上女学，由是走上解放之途，加入社会改造的大潮。而在此前的十多年间，如《点石斋画报》所示，西方女子的言谈举止和生活形态宛如细绵而靓丽的风景线，尽管形形色色、良莠不齐、颜值不等，在中国人眼中当然是海外奇闻，却展示出她们在公共空间中自由自主的场景。如果说在当时中国境遇里，进入公共空间成为妇女解放的基本条件，那么这些图像极富开启脑洞的意义。

《点石斋画报》所介绍的结婚仪式、选美活动、职业女性、跳舞、自由恋爱、接吻以及银婚金婚等，属于一些基本知识，关乎生活与世俗文明，且通过图像传播更容易为大众所接受。题词是个重要组成部分，虽然难以确定作者，可能不止一个，应当和吴友如等画工一样，是最早进入报纸等新媒体产业的文人，置身于全球资讯流通的链条中，受东渐西学的熏染。这些题词的特色是博古通今，在评论这些女子时，对有悖于中国圣训家规之处表示惊诧、困惑或不满，同时接受世界潮流的冲洗，力图理解他者的文化传统，因此对她们不乏同情与赞赏，甚至输入了女性自主、男女平权的思想观念，起了文明启蒙的作用，很大程度上也体现了画报的改良议程。

通过《点石斋画报》，中国人看到了大量的西方女子的形象，几乎是一律的长裙细腰，显得活泼自由、体态健美，当然参照了有关资料，也不乏画师们的想象，若细察她们的帽子和发饰也不尽相同。哪怕几个"坏女人"的造型，如法庭上脚踢丈夫或开枪夺命，也动感十足。即使题词含有嘲笑或谴责之意，但她们不受束缚，敢想敢做，对中国妇女来说也是不可想象的。

"西方美人"推动了女性意识的觉醒。在 1902 年陈撷芬创办的《女学报》中有《西方美人》一文，介绍《世界十女杰演义》一书，如美世儿是个欢呼法国大革命的爱国女子，是个女豪杰。在救亡图存的环境里，女性以"西方美人"作为革命和爱国的精神指符，借以获得其政治合法性。知名士人吴保初在 1903 年的《元旦试笔示二女弱男亚男》一诗中有"西方有美女，贞德与罗兰"之句（《北山楼集》，黄山书社，1990，页 62）。贞德即 Joan of Arc，十五世纪的法国女子，因抗击英军而被处以火刑，被尊为民族英雄，也称圣女贞德。罗兰夫人在法国人革命中被雅各宾派送上断头台，临终留下"自由，多少罪恶假汝之名以行！"的名言，梁启超作《罗兰夫人传》，对她推崇备至。

吴保初以贞德与罗兰作为激励女儿的榜样，也可见对"西方美人"的理解主要是指德行和精神，而不是容貌。

在梁启超那里，"西方美人"含有某种区别，既虚指世界文明，又实指世俗的个体。在他所办的两份杂志——《新民丛报》和《新小说》中，刊登了大量人物图像，前者刊登的多属世界伟人，女性很少，如维多利亚女王和罗兰夫人等。后者则以女性为主，大多是欧美演艺界明星，以"泰西美人"为标榜。两者皆为文明载体，却含有某种雅与俗的区别。

民国初年杂志界空前繁盛，大多刊登人物图像，从女性视角看，也显示雅、俗之分。如《东方杂志》等政治经济刊物，延续了《新民丛报》的做派。而文艺杂志如《小说月报》《礼拜六》等则类似《新小说》，刊登欧美演艺界女明星、女作家等。

"西方美人"是域外想象空间、"拿来主义"的标签，至二十世纪三四十年代几乎为好莱坞女明星所霸屏，其所代表的健康、美貌、才艺乃至爱情与家庭价值对于中国女性起某种借鉴作用。事实上像《点石斋画报》中"女医师、女状师"等职业女性在中国如林巧稚、郑毓秀等一一出现。这里举个飞行员的例子来看"西方美人"是如何通过传媒而被接受、挪用和创发的。

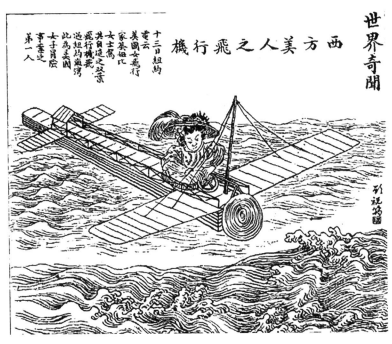

图 19　顾祝筠，西方美人之飞行机，《求是斋画报》，1901

　　这幅顾祝筠的《西方美人之飞行机》（图 19），刊于 1901 年的《求是斋画报》。题词说"十三日纽约电云，美国女飞行家葵姆比女士驾其自造之双叶飞行机飞过纽约海湾，此为美国女子冒险事业之第一人"，葵姆比即哈丽雅特·昆比（Harriet Quimby），生于 1875 年，1912 年成为第一次成功飞越英吉利海峡的女性。1911 年 6 月号《东方杂志》刊有"美国女飞行家哈黎昆培贵女"的照片（图 20）。

美國女飛行家哈黎昆培貴女

图 20　美国女飞行家哈黎昆培贵女

十九世纪以来英、法、德等在发明和制造气球、飞机和飞艇方面展开激烈竞争，《点石斋画报》不断有这类报道，遍及报纸新闻、小说和电影，不断激发起中国人的好奇和想象。

《时报》创刊于 1904 年，与《申报》《新闻报》一样是上海最具影响的报纸。1911 年创刊的《妇女时报》是《时报》旗下杂志之一，第一期中题为"破天荒中国女子之凌空"的图（图21），当然出自一种虚构想象。的确，女子飞行，海阔天空，驾驭最先进的科学技术，是表现体能、智商和勇气的绝佳标本，含有女性解放与国族未来的愿景，对于大众传播来说最能耸动感官，同时具有把"西方美人"转化为本土特色的文化创意。

空凌之子女國中荒天破

图 21　破天荒中国女子之凌空，《妇女时报》，1911

图22　将来之时报，《余兴》，1914

　　《余兴》（图22）也是属于《时报》系统的文艺消闲杂志，这幅"将来之时报"为庆祝《时报》成立十周年而作，女子飞行被用作广告宣传。这个设计凸显女体，女性驾驶哪吒式的"风火轮"，与飞机翅膀作对比，别有一种意趣。

图 23　沈泊尘，新百美图，1915

民初"百美图"风靡一时，有报纸插图，也有画册，《新百美图》（图 23）由沈泊尘作，张丹翁配诗。诗曰："鹤背高寒点露华，五云深处御飞车。多生鸷了怜天女，米散千人顶上花。"早期的飞机形状多样，在画家笔下犹如玩具，这首诗把飞行员比作仙鹤和天女，运用了传统的诗学意象与修辞。

图 24　金阊名花驾飞艇,《小说时报》, 1916

图 24 为 1916 年《小说时报》中的"金阊名花"图,是妓女在照相馆拍的,同类图像不少,都显示了新媒体的传播力度,也是由作者与资本、读者的合谋而生产出充满希望的社会意义,颇能象征民初共和时代的气象。

民初的文艺杂志几乎是鸳鸯蝴蝶派的天下,而外国女飞行家是个抢手话题,如周瘦鹃的《飞行日记》(《妇女时报》第 4 期)与《英法凌空之女子》(《女子世界》第 2 期),陈蝶仙的《女飞行家》(《春声》第 2 期),马二先生、天醉合译的《女飞行家蓓儿小传》(《心声》第 1 卷第 9 号—第 3 卷第 5 号)等。二十世纪二三十年代有多位外国女飞行家来华访问,报纸争相报道。关于中国第一位女飞行员，一般认为是王灿芝或李霞卿，但有更早的，根据《中国的租界》："武汉航运始于1921年1月。由'汉口'号飞机女飞行师鲍会秩驾机从汉口飞抵广州传邮。"（上海古籍出版社，2004，页181）又1925年《航空月刊》第一期上一条消息，说一位朱女士担任广东飞行队指挥官（图25），曾驾机把她父亲救出险境，虽然不知她的名字叫什么。

图25　中国女飞行家朱女士肖像，《航空月刊》，1925

丝厂女工

    1861年英商怡和洋行在上海开设纺丝局，是为外商在华开设的第一家动力机器缫丝厂，此后美、法、日等国及本地商人纷纷开设纺织厂，于是产生了丝厂女工这一庞大的弱势群体。清末宣统年间出现一波画报热，《申报》《时报》《民呼日报》《舆论时事报》等都用画报作为附刊，另有《图画日报》《神州画报》《民权画报》等，继承了《点石斋画报》的新闻报道的传统，虽然图画质量上差得多。这里从这些画报中选取有关缫丝女工的部分。

    《轻薄受惩》（图26）讲的是"怡和丝厂"的女工们常在放工后遭到流氓骚扰和欺负。题词说女子为了糊口而进丝厂，不得已抛头露面，然而"放工后，三三两两，结伴归家。路遇流氓数辈，遽行调戏。经捕送官，立予笞责"，谴责流氓，对女工表示同情。流氓被抓法办，受到鞭笞的惩罚。

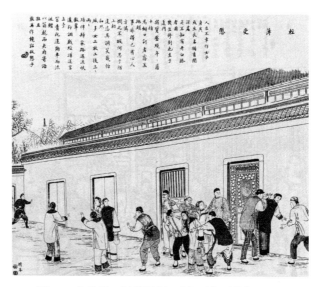

图26　金蟾香，轻薄受惩，《点石斋画报》，1887

图27　金蟾香，乃见狂且，《点石斋画报》，1884

《乃见狂且》（图27）图中题词说，一群女工放工后被无赖们"评妍媸，恣戏谑，牵衣撩袖，会辱蒙羞"，非常不堪，感叹说："遂使礼教之邦，等诸化外乎。"意思是中国向来是礼仪之邦，自从租界出现，就变成"化外"——野蛮之地了。这"平丝栈"不是缫丝厂，大约是处理蚕丝原料的工场，葛元煦《沪游杂记》有"丝栈"条，列出名号约二十家，大多在里弄里。此图中的丝栈与日本店铺比邻，附近有卖东洋茶叶店，"荟艳楼"是日本茶楼，即"化外"之地的表征。

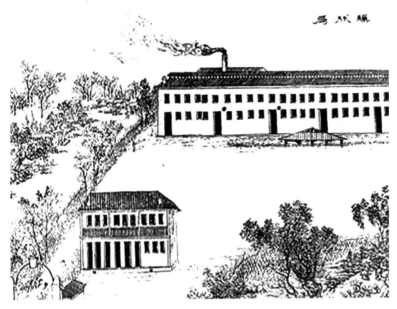

图28　吴友如，缫丝局，《申江胜景图》，1884

1884年，吴友如出版了《申江胜景图》（图28），其中《缫丝局》为胜景之一。题词曰："蚕桑之利，肇自中邦。黼黻文章，巧擅无双。惟彼泰西，毛羽是服。制成毡罽，不羡绮縠。爰通中国，易彼所希。分茧称丝，用设之机。其机伊何？惟火之辅。分排五茧，历历可数。其丝一一，其声隆隆。十百妇女，各奏尔功。不染纤尘，有雪其白。笑吾缫车，未可仲伯。"意谓中国向以擅产蚕丝驰誉世界，西人穿毛衣，自从与中国交通之后，改穿丝做的衣服。他们带来了缫丝机器，妇女们进厂做工，机器厂茧子成排，雪白干净，是咱们的缫丝不能比拟的。题词用四言句式，具庄重赞颂的意味，在维护中国文化价值的同时赞扬了西方先进的技术，符合当时洋务运动时期中体西用的思潮。

图29　上海杨树浦三新纱厂，《中国的租界》，2004

1931 年，荣宗敬从美商购得在杨树浦的三新纱厂（图 29），另在澳门路新建厂房，改名为申新第九纺织厂。图 29 为旧厂拆除时所摄（《中国的租界》，上海古籍出版社，2004）。

图 30　吴友如，女执懿筐，《飞影阁画册》，1891

《女执懿筐》（图 30）也是吴友如画的。在一家缫丝局门口，几个女工喜滋滋地挥手作别。在《飞影阁画册》中属于"时装士女"系列，衣着素朴，各人款式不同。

営業寫真 俗石三百六十行（二百八十三）

揀湖絲女（詩）

湖絲阿姐年紀輕　祗揀湖

絲不打盆　揀絲究比打盆

好　不使織平安苦辛　剖

憐天寒上工早　君宵苦短

日易晚　房子裏拋袖　呈眼朧

身　朧威中到

图 31　孙兰荪，拣湖丝女，《图画日报》，1910

　　去缫丝厂做工是新职业，三百六十行之一。《拣湖丝女》

（图31）题词曰："湖丝阿姐年纪轻，只拣湖丝不打盆。拣丝究比打盆好，不使纤手受苦辛。却怕天寒上工早，春宵苦短日易晓。小房子里勉抽身，星眼蒙眬厂中到。"打盆"是传统手工操作的缫丝业术语。去丝厂固然好，却要起早摸黑，也很辛苦。

图 32　金蟾香，好行其德，《点石斋画报》，1884

1878年美商旗昌洋行在上海老闸桥开办缫丝厂，1891年由法商接手，改名"老闸宝昌缫丝局"。这幅《好行其德》（图32）中"老闸浜北某缫丝厂"虽未确指，确是外商办的。题词说这天发工资，颇为拥挤，一青年女子因为遗失银质发簪而痛哭，厂里某西人听说后，除工资外补偿她的银饰，还派人送她回家，真是个好心的洋人。

图33　流氓调戏湖丝阿姐之派赖，《图画日报》，1909

1909年《图画日报》中图（图33）说，沪北有多所缫丝厂，放工后女工常遭流氓骚扰，虽然有时歹徒受到惩罚，但这种恶劣风气仍然存在。有趣的是图中女工抱成团，在教训流氓。

图34a　买办恃势欺压女工，《图画日报》，1909

《图画日报》（图34a）与《申报图画》（图34b）讲的是同一新闻，文字也同。新垃圾桥北首长纶丝厂的买办邬省三因女工王

图 34b　买办与女工冲突,《申报图画》, 1909

招儿做丝不佳而呵责她,女工不服而与他扭打起来。事后邬报案,
捕房将王招儿拘留。同厂女工认为招儿做工质量没问题,已被罚
了钱,又被送官,仗势欺人,太不公道。于是她们集合百余人到
法院抗议,要求释放招儿。法官命令大家回去,等候审讯开释。

图 35　撞倒缫丝女郎,《神州画报》, 1910

　　图 35 讲的也是一则新闻。缫丝女郎在杨树浦路被一小车夫撞倒, 面容受伤, 巡捕将他们送到捕房, 经审讯后, 以车夫赔偿医药费了结。

图 36　纪事画，《时报附刊之画报》，1910

1910 年《时报附刊之画报》（图 36）的一则新闻："有女子
兰贞，于前晚五句钟时，往纱厂做工。在闸北潭子地方九区警
署门口北数十武，即牛皮厂后面，被三匪人拦住，抢去金丝圈
一副，将耳朵扯破，鲜血淋漓。该女连声呼救，警署即在目前，
竟置若罔闻。奔入署内报告，有某巡士答以我们不管，挥之出
外。该女无奈，哭回家中。"

女党之势力

七月二十六日午後二時有本埠繅絲女工三百餘人擁至公共公廨稟稱婦人等均在垃圾橋北乾康繅廠做工被欠工資百端來告筋追等擾寶讞員當即飭役兩名傳諭廠主照帳給發一面諭令散去勿得聚衆而游援各女工均稱謝而迤

图37　女党之势力，《图画日报》，1909

这则1909年《图画日报》（图37）的新闻为："七月二十六日午后二时，有本埠缫丝女工三百余人拥至公共公廨，禀称妇人等均在垃圾桥北乾康丝厂做工，被欠工资，求请饬追等情。宝谳员当即饬役两名传谕厂主，照账给发。一面谕令散去，勿得聚众滋扰。各女工均称谢而退。"遭遇过无数的非人道待遇后，女工们懂得只有团结起来据理力争，才能维护自己的利益。

图 38　女工与丝厂，《图画日报》，1909

1909 年 10 月又发生一起欠薪事件。"老闸桥唐家弄慎余里元干丝厂徐鲤庭，因欠工资不付，曾被各女工于前礼拜日环控捕房，谕饬昨日照付，讵至届期每人只给洋两元，各女工不服争闹。殆至午后四时，麇集者几及百人。捕房恐肇祸端，立即传徐及各女工至公堂请示，宝谳员谕徐每人先给三元，余亦限期料理。各女工始遵谕而退。"租界上所谓"会审公廨"，如《图画日报》（图38）所示，既有中国法官，也有洋法官，一起合审案子，是正确的画法；而《申报图画》（图39）所描绘的则完全是清朝官员，文字也较为简单。

本月二十六日午後四时。有缫丝女工百餘人擁至公共公廨喊稱婦人率山在廠案畀元堂降廠做工。撤大工資於上星期日扎報進回搕房搕頭詎扣仍延不發繪請傍追歉主徐輕庭起譜仍繃令廠名元給洋徐三元傍逼送即傳徐料算赔各女工始稍閧而散。

绿廠女工
聚衆喊控

图39　丝厂女工聚众喊控，《申报图画》，1909年10月

图40　振兴实业,《时报附刊之画报》, 1912

　　在与外商激烈竞争的环境里, 中国民族工商业艰难成长。这幅《振兴实业》(图40)图中的华丰布厂开设于1909年, 得到工商界大佬王一亭、沈缦云等人的扶持, 属于民族资本企业。民国成立后, 都督陈其美和民政总长李平书对该厂特别提倡和奖励, 推行振兴实业、宣扬国货的政策。

图41 上海机器织布局,《中国的租界》, 2004

1882年李鸿章上奏清政府, 准许开设上海机器织布局(图41), 1889年建成并投入生产, 拥有纺锭3.5万锭, 织机530台, 代表棉纺织业的民族资本的兴起。这图景具样板性, 在画报、电影中经常见到。

在一个多世纪之前的画报里所反映的主要是繁华的十里洋场, 灯红酒绿, 光怪陆离, 无奇不有, 更多聚焦于当红妓女、名门闺秀或西方美人, 却也使我们看到大墙底下的缫丝女工——被压榨被侮辱的一群人, 看到她们的痛苦、无奈、觉悟与抗争，而这些媒体的新闻视角表现了某种客观的立场与人性的价值，值得珍视。

民国时期的电影有不少表现纱厂女工的情节，继承了晚清的媒介传统，从社会底层的暗角折射出政治与经济的风云变幻和艺术作品的文化政治。1925年李泽源导演的《一串珍珠》是根据莫泊桑《项链》改编的。剧中王玉生是银行职员，因为妻子借来的项链被偷，他为了偿还而挪用公款，因而坐牢，出狱后去纱厂做工。影片描写从中产到底层的沦落旨在警示女子不要虚荣。在孙瑜导演的《天明》（1933）里，渔村姑娘菱菱到上海，进纱厂做女工，受少东家诱骗失身，被抛弃而沦为妓女。如果说这表现了资本的罪恶，那么在陈鲤庭的《丽人行》（1949）中，金妹惨遭日本兵的强奸则控诉了侵略者的暴行。在二十世纪三十年代受左翼思潮影响的电影中，如蔡楚生的《新女性》（1935）里的李阿英和袁牧之的《十字街头》（1937）的杨芝瑛，纱厂女工代表了具有革命觉悟的成长的新一代。最具社会批判意义的是程步高执导的《春蚕》（1933），它并没有直接讲述纱厂女工，而是通过老通宝一家养蚕的悲惨结局反映了在内外资本主义压榨下农村经济必然破火的命运，很大程度上体现了茅盾原作对中国社会和阶级分析的意识形态的意涵。

时　髦

　　从晚清到民国时期上海的报刊与画报考察的"时髦"、"时装"、"时尚"与"摩登"等词语，比"现代""时代"等更关乎都市的时间意识与大众的日常心态，涉及时装与形形色色的时尚潮流。

　　"时髦"一词古已有之，《汉语大词典》引《后汉书》："孝顺初立，时髦允集。"李贤注：《尔雅》曰：'髦，俊也。'"另有郭璞注："士中之俊，犹毛中之髦。"因此解释为"当代的俊杰"（汉语大词典出版社，1997，页3032）。《现代汉语词典》中"时髦"条："（人的装饰衣着或其他事物）新颖入时。"（商务印书馆，2012，页1178）这是"时髦"的当代意义。"时髦"是上海口语。胡祖德的《沪谚》成书于民国初年，引了《后汉书》这句，解释道："当行出色曰时髦。"（上海古籍出版社，1989，页96）未提什么行当，较为笼统。在钱乃荣主编的《上海话大词典》中有"时髦"一词，无释义，而以"时髦"来解释"摩登"和"时兴"二词（上海辞书出版社，第2版，2018，页391）。这与《现代汉语词典》一样。

在词典里，"时髦"是个制成的标本，若考察它在晚清上海的实际使用，它已含有"新颖入时"之意，却有其特定的意涵与流通渠道。

自十九世纪中叶上海开埠起，租界里渐渐形成华洋杂居的局面。洋人一开始有自己的报纸，1850年创办了《北华捷报》（*North-China Herald*）周刊，1864年改为《字林西报》（*North-China Daily News*）日刊，从半殖民新闻之窗观望世界风云变幻，包括发生在伦敦、巴黎或纽约的时尚潮流。几十年来租界上楼房林立，马路纵横，声光化电，形成所谓"十里洋场"的消费空间，现代城市已初具规模。对这些我们都已熟悉，常常通过晚清小说和影像，在记忆里拼组起一幅幅历史的图景。而在1872年《申报》上陆续刊登的各种主题的"竹枝词"中，映现种种淫巧新奇、光怪陆离的景观，则是当时"洋场才子"对日常生活的"再现"描写和感受。

唐宋以来，"竹枝词"是一种七言绝句的时调，通俗流畅，一向为大众喜闻乐见，元明之际的杨维桢的《西湖竹枝词》以杭州为主题，名闻遐迩。《申报》上的竹枝词聚焦于十里洋场，如快镜表现城市的千姿百态，转瞬即逝之际掠取"新"的意涵，而"时髦"一词含"时尚"意味，却具特定的内涵。慈湖小隐的《续沪北竹枝词》曰：

愈时髦矣愈矜持，巾帼衣冠任倒颠。不信但看弹唱女，拜年也用小红笺。（《申报》，1872 年七月初九 8-25，页 2）

晚清青楼女子分三种："长三"、"幺二"和"野鸡"。"弹唱女"出自"长三书寓"，级别最高。越是名气响的"弹唱女"越要搭架子，"倒颠"似指性别，"冠"大约是男子所戴瓜皮帽之类，意谓她们穿奇装异服。拜年也要别出心裁，用"小红笺"更精致讨巧。另一首，1903 年朱文炳的《海上竹枝词》："倌人切莫叫时髦，一到时髦架子高。唱罢一声对弗住，回身谁复念吾曹。"（顾炳权《上海洋场竹枝词》，上海书店出版社，1996，页 185）"倌人"指妓女，"叫"即"叫局"，比如男人们在饭馆聚会，在"局票"上写某妓院的妓女，让跑腿的去叫。词中劝说不要招这种"时髦"的"倌人"，她们唱完曲子即离开，"对弗住"是苏州话"对不起"，指要去赶下一场的意思。上一首里的"时髦"指追逐新潮，还有点个性，而此词中"时髦"变成"架子高"的装腔作势的做派，嘲讽比上一首更为明显。

"时髦"是社交的产物，出自他人的视角。韩邦庆的《海上花列传》第十八回描写妓院里朱蔼人与林素芬一边吃晚饭，一边闲谈。谈起屠明珠时，称她为"时髦倌人"。素芬说有的客人宁肯用大把银子去拍"时髦倌人"的马屁，她却"觉也勿觉着"——不当一回事，倒不如嫖一般妓女来得实惠。朱蔼人说一般妓女生意好了就去"姘戏子"，也不是省油的灯。第十九回中屠明珠出场，足见其"时髦倌人"的气派。虽然人老珠黄，但拥有四五个年轻妓女，住"五幢楼房"，室内摆设富丽堂皇。这一回描写屠明珠如何招待黎篆鸿等客人：一边在客厅里吃大菜，一边看从外面请来的"毛儿戏"演出。这里"时髦倌人"成为专门名词，体现时尚指标和文化资本，与她交往的为有身价之人，一般人消费不起。

1897年李伯元创办《游戏报》，举行妓女"花榜"选美，仿照传统的科举制度，通过推荐和函投海选出状元、榜眼与探花。由于现代传媒的操作，这些"时髦倌人"成为市民茶余饭后的谈资，虽属商业性质，但论者认为带有民主成分。更为耸动的是李伯元亲自操刀，制作了"四大金刚"的传奇。同年10月12日，《游戏报》上刊出《游张园四大金刚》一文：

　　张氏味莼园楼阁玲珑，花木荫翳，每当花晨月夕，游客如云。若逢礼拜之期，尤为热闹。香车宝马，逐队而来。所有时髦倌人，无不毕集。惟林黛玉、陆兰芬、金小宝、张书玉四校书，每日必到，每到必迟。其到也，万目灼灼，四座尽倾，宛如迎接贵官模样。或者曰：此督抚司道体制也。又或者曰：时人咸称抚藩臬为三大宪，兹则有四人焉，不如名之曰四大金刚，诚粉黛班中绝大人物。吾闻四大金刚为风调雨顺，名园中得此名校书，日日光辉，亦祥瑞之兆也。

张园也名味莼园，主人张叔和，内有西式大洋房、影戏场、剧场、照相馆等各种游乐设施，是租界的新型公共空间，知识人士在那里作爱国宣传，妓女们也将之作为自我展销的窗口。据说李伯元天天去，推销《游戏报》并采集新闻。这篇短文犹如广告小品，把林黛玉、陆兰芬、金小宝和张书玉这几个"时髦倌人"比作"四大金刚"，简直捧上了神坛。两年后《游戏报》刊出《拟举上海嫖客四大金刚说》一文说："本报既于丁酉秋冬之交纪《游张园四大金刚》一则，在当时不过偶然游戏，借以标目，不料风会所趋，播为美谈，林、陆、金、张四校书之名，几于妇孺皆知，而四校书之声价亦顿增十倍，亦可见本报风行，而好事附会者之多矣。"（1900 年 7 月 15 日）虽是自吹自播，却也说明小报在形塑市民观感与社会风尚方面具有不可小觑的力量。

不仅是小报，李伯元的同道，另一位著名小说家吴趼人出版了长篇小说《海上名妓四大金刚奇书》，讲述她们的故事，对"四大金刚"的传播起了推波助澜的作用。开头即根据李伯元的鬼话，交代了她们在天上违反了条规而投胎到现世的情节。书中还提到"上海第一个当时得令的时髦倌人胡宝玉"，资格比"四大金刚"更老。这本小说常有她们乘马车去张园的描写。从这幅《海上第一名园》（图42）的年画可看到张园门口车水马龙的景象以及各种样式的马车。

图42　海上第一名园（年画），十九世纪九十年代

"时髦"用于描述当红妓女，她们在服饰、腔调、行为上较为出格，善于公关而积累文化资本，社会对其态度有嘲讽，也有较为中性的。至清末最后二十年随着上海城市经济发展，青楼业、演艺圈日益繁华，而在石印、照相和电影等媒介的加持下，形成某种时尚意识。这时期产生了"时尚""时装""时道""时趋"等词语，在它们的交互渗透下，"时髦"的意义也大为延展，不仅指妓女，也涉及城市生活的方方面面。报纸杂志上有关图画非常多，基本上是独立的，单凭"时髦"两字足以吸睛，好似一个小小气窗，让人看到都市如万花筒般五光十色，感受其时代脉搏。

1917 年 10 月 20 日的《新世界》游戏场报上，吕子珊的《时髦女子竹枝词》共八首。有一种说法是晚清的妓女为"现代性"扮演了"先锋"角色，这大约是因为一般妇女被束缚在闺房里，她们因此占了公共空间的便宜。从"时髦倌人"到"时髦女子"意味着女子的一种解放。这些词所展示的正是都市空间的流动视角，她们仿佛是街头巷尾随处可见的，而香烟、汽车或西方美女的服装等，都跟外来的物质文化输入有关。

《时髦女子竹枝词》其三曰："新翻花样短衣裳，被体量来尺四长。领口高撑加赤纽，柔荑轻扣不嫌忙。"这时段女子时装的变迁甚为急剧，由圆领宽袖变为高领窄袖。1909 年《图画日报》

上有《男女衣服高领头之诧异》（图43）一图，题词曰："沪上近来日异月新，男女各衣，腰身极窄，臀凸肚耸，已不雅观。而今岁又有高领头之男女衣出现，其领竟有高至三四寸者。无论男子服之，点首回头，已多不便，而妇女复于领口压以发鬓，几有此颈若僵无从转侧之致，受累曷可言状。"明明穿了不舒服却风靡一时，为什么风尚变得这么快？在下面"时装"一节中再作讲解。

图43　男女衣服高领头之诧异，《图画日报》，1909

《时髦女子竹枝词》其四曰："小婢呼来软语赊，欢游女伴约邻家。江湾跑马欣同去，快出风头坐汽车。"车辆是现代都市的必要构件，晚清以来东洋车、钢轮马车、电车和汽车先后从外国输入。民国初年私家小汽车渐渐增多，鸳鸯蝴蝶派小说里常描写汽车所造成的无妄之灾，都是有钱人造的孽，也有描写

图44　王钝根夫妇，《礼拜六》周刊，1916

纨绔子弟从车行租车、和女友兜风的情节。1920年上海发生轰动一时的阎瑞生谋杀案，他借车把妓女王莲英带到郊外，将她勒死，这一案件还被拍成电影。图44是王钝根夫妇的合影，是在照相馆里拍的，装模作样过瘾。照片摄于1911年，刊登在1916年的《礼拜六》周刊上。另一幅选自1918年出版的《丁悚百美图外集》（图45），当然这个"时髦女子"是超前想象的。当时能驾车的女子不是没有，如著名交际花殷明珠，模仿美国女明星白珠娘，能开车、游泳和骑马，可能是个例外。

图45 《丁悚百美图外集》，1918

《时髦女子竹枝词》其五曰："英美香烟信口抽，金牙微露转星眸。昨宵私与情郎约，欢会相期楼外楼。"《图画日报》中《妇女小孩吃香烟之奇特》（图46）之图说："自香烟行销我华后，向之吸水烟、旱烟、雪茄烟者，皆一变而改嗜此物，每年消耗金钱甚巨，初时尚惟男子吸之，近则女界及十余岁小孩，亦有争相效尤者。"另一张是丁悚的《时髦女子之吸纸烟》（图47），刊登在1918年7月16日的《新世界》游戏场小报上。

图46　妇女小孩吃香烟之奇特，《图画日报》，1909

图 47　丁悚，时髦女子之吸纸烟，《新世界》，1918 年 7 月 16 日

《时髦女子竹枝词》其七曰："共羡西方出美人，趋时且喜效眉颦。鹅毛插帽临风动，疑是观音转世身。"晚清以来如《点石斋画报》刊出许多关于西方妇女的图像，至民初都市文艺杂志如雨后春笋般涌现，女子模仿西方美人的装束成为一时风尚，虽然一律细腰长裙，细节上仍有不少花样，如下面两图（图 48 和图 49）与"鹅毛插帽"有关。

图 48　欧洲女子最时式之大帽，《妇女时报》，1911

图49　女子西装,《小说时报》第19期, 1913

　　《新世界》和《大世界》是两份始于1917年的游戏场小报,
女子玩相机也是新鲜事儿,图49画风写实,相机似从照片上剪
下来的。下一张张光宇画的卓别林(图51),线条潦草有喜剧意
味。他画了一系列"市下之划一时髦"图,"划一"即普遍之意。
新世界和大世界是大众娱乐空间,有影戏场放映了大量好莱坞影
片,最早在上海家喻户晓的明星,一个是卓别林,另一个是白珠

娘，游戏场因为票价便宜，很有推广之功，而且他们演的滑稽片和侦探片最受大众的欢迎。在这两份小报上，卓别林也是画家的宠儿，如丁悚、张光宇等到后来都是著名的漫画家。

图 50　偶庵，小照相——最近之时髦，《大世界》，1919 年 8 月 8 日

图 51　张光宇，市下之划一时髦，《新世界》，1919 年 5 月 2 日

　　1924 年 12 月的《红玫瑰》杂志上胡亚光的《时髦妇女之心理》（图 52），讽刺妇女的物质虚荣心。图中描绘了汽车、小白脸、金刚钻、高跟鞋、大拉司和洋房这六件东西，金刚钻指钻戒，大拉司是英文 dollars 的谐音，指金钱。从高消费标准看这"时髦妇女"简直是晚清"时髦倌人"的翻版，在更普遍的意义上这些东西代表了某种"都市梦"与物质生活的"幸福指标"。

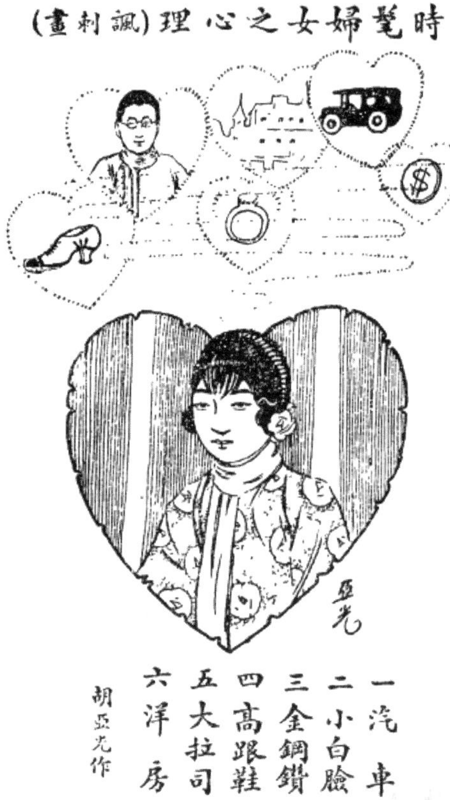

(諷刺畫)時髦婦女之心理

一汽車
二小白臉
三金鋼鑽
四高跟鞋
五大拉司
六洋房

胡亞光作

图 52　时髦妇女之心理，《红玫瑰》，1924

　　1909 年《图画日报》上《男女手指竞带金刚钻戒指之炫耀》
（图 53）一图解释说，在古代宫中嫔妃戴戒指表示来了月经，
皇帝见到就不会临幸了，而令人大惑不解的是近来上海男女皆
喜欢带金刚钻戒指，实在是一种可笑的误会。关于"高跟鞋"，

1927 年 7 月《红玫瑰》有一篇赵苕狂的小说《高跟鞋的爱情》，讲一个丈夫爱妻子是因为她穿上高跟鞋十分窈窕可爱，有一回两人在乡下居住，妻子不穿高跟鞋，丈夫就觉得她不堪入目，要和她离婚，然而回到城里，妻子又穿上了高跟鞋，丈夫又恢复了爱心。这是个商品恋物癖的故事，也是城乡断裂的寓言。

图 53 男女手指竞带金刚钻戒指之炫耀，《图画日报》，1909

"时髦"一词畅通无阻，到二十世纪二十年代男子也被贴上这一标签。1926年《中国摄影学会画报》上《今日时髦女子目中之时髦男子》(图54)一图画的是一个女子眼中的"时髦男子",好似一个爱欲与文明的寓言。黑人代表原始活力,西装革履的男人合乎文明的标准,这个女子似乎在权衡得失,面临两难的选择。二十年代知识界很受法国哲学家伯格森的影响,崇尚直觉的生命力,因此这幅图带点哲学意味。1923年10月28日在燕京大学学生会的《燕大周刊》上有白序之的小说《时髦》,男主在校园里看报,遇见一个"穿底狠时髦"的青年,得意地说他在报纸上发表了一首诗,并说"现在文明青年人,总要得出些风头",要发表点东西能引起校方重视,并说他的学校里的教师"哪一个不是在现代出版界负盛名底?"这篇小说在讥刺正在开展的新文学运动,这个"京师某大学的一个学员",明眼人知道这是指北京大学的学生,他在报纸上发表的是一首白话诗:"花儿落了,叶儿黄了。无情的西风打将来了;哎呀,秋,秋,秋。"和胡适的《尝试集》是一个调儿。

二十年代初政局混乱,军阀当道,这幅《民国之时髦礼品》(图55)的抨击意涵很直接醒目。显然一个是军阀,正在接受礼品,另一个官僚或商人模样的人,双手捧着汽车和美人,是一种夸张作风。虽然这两人与"时髦男子"有别,但这种"时髦"无疑只会发生在男人当中。

图 54　今日时髦女子目中之时髦男子,《中国摄影学会画报》, 1926 年 43 期

图 55　民国之时髦礼品,《新闻报》, 1921 年 11 月 18 日

图 56　杨清磬，上海时髦小姐知识的应用，《新闻报》，1930 年 2 月 9 日

　　读懂上面这幅图（图 56）也须有点耐心，画中有个对比。这个"时髦小姐"是一个年轻的知识女性或者女学生，正站在报架前，对于"四十国女子反对战争请愿书"的"世界新闻"毫不在意，却专注于报纸上的电影新闻，"群芳会"指演艺明星大会串，她属于追星一族。此图讽刺年轻女子胸无大志，追求个人娱乐享受，是雅与俗、小我与大我的隐喻。与此相近的是 1926 年 2 月《妇女杂志》上美梅的小说《幸运的时髦小姐》。女主薇是某贵族女校的学生，要求上进，爱好文学，喜读李商隐、萧伯纳的作品。但与一个银行家的儿子订婚之后，她抛了书本，专门讲究打扮，热衷交际，变成了一个"俗人"。

图 57　时髦的接吻化,《小说日报》, 1931 年 3 月 18 日

　　自从电影进入上海, 除了四十年代日据时期, 好莱坞一向大行其道, 对国人影响至巨。上面这张《时髦的接吻化》(图57)指出:"无论你到哪块地方去, 差不多都可以见得到。"正在接吻的男女身边是一个摄影师, 好像在拍电影。这不禁令人想起张爱玲的一篇题为《双声》的散文, 她与闺蜜炎樱谈起接

吻，张问："他们都是吻在嘴上的么，还是脸上？"炎樱答："当然在嘴上，他们只有吻在嘴上才叫吻。"（《天地》，1945 年第18 期）其实所谓"时髦"常常是模仿西潮，而好莱坞是这方面的典型。如下面这张"好莱坞的女星是以穿游泳衣为最时髦的事"（图 58），其时在上海，女子游泳已成风气，一到夏天报纸宣传铺天盖地而来，好莱坞女性当然独领风骚。

图 58 《电影时报》，1932 年 7 月 6 日

丁悚是中国漫画老前辈，早在 1912 年就开始在《申报》上发表针砭时事的讽刺画，至三十年代初仍作画不辍，表现了一贯的敏感。最近丁悚的《四十年艺坛回忆录》出版，书中不乏名人离婚的故事（图 59），如女星周璇的离婚事件等。

图 59　丁悚，今年的时髦事，《社会日报》，1931 年 1 月 13 日

下面这幅画（图 60）以"时髦"为题，附两人对白："喉，喉，老沈，你为什么跑得这样急？"回答说："你看，我今天替我的妻子一个最新式的提袋，但是恐怕要失去时髦性，现在我赶紧去给她看啊。"担心提袋的"时髦"式样瞬息过时，对都市的"现代性"节奏充满焦虑。他急匆匆要向妻子献宝，生恐爱

图 60　《中央日报》，1933 年 4 月 26 日

心打折扣，似含有所谓"上海老公"的神话，对老婆百依百顺，甚至会做家务，虽然隐含着女子追求物欲的意思。的确，到三十年代，男女关系之自由开放，变化不可谓不大，和女性经济地位的改善及自我意识的提高都有关系。有趣的是，漫画中常出现强势女性或悍妇，而男子甘处下风的形象，如丁悚的《上海的时髦》（图 61），女子牵着个像狗的男人，似是上海的普遍风气，即具典型。

　　另一幅草之的《时髦！》（图 62），颇耐人寻味。我们知道石狮子一般象征威严和强势，无论在《红楼梦》里的贾府门前，

图 61　丁悚，上海的时髦，《礼拜六》1929 年 4 月 27 日

或外滩海关大楼前，石狮子都起辟邪的作用，具某种神性。图中女的穿着毛皮大衣，像个贵妇，体态雄壮，威风凛凛，她的头发与神情酷似石狮子，那个狮子狗也如是，是雄性的，因此看上去相当滑稽。其实这是个模仿的主题，内含典故：在佛经里释迦说法如狮吼，有震慑人心的不可思议之威力；文学上苏

东坡在一首诗里形容惧内的陈季常，一听到他老婆"狮子吼"便惊恐不已。这幅画里女主占中心位，以狮子自喻，且更厉害，狮子玩球，她玩狗，更能把狗塑造成自己的镜像，得意非凡。"时髦"本具物质性，这里兼有物化和神化的意思。这幅画含蓄地表现了都市的商品性格，虽然对女性含有某种侮辱性偏见。

图 62　草之，时髦，《立报》，1946 年 4 月 26 日

图 63　文享，最时髦的装饰品，《力报》，1945 年 9 月

上面这幅《最时髦的装饰品》（图 63）中妇女的发髻上插着中、英、美、俄四国国旗，伴有一个 V 字，表示庆祝同盟国战胜法西斯，第二次世界大战结束。

"时髦"一词的生命力很强，从上述例子可看到它的一些基本属性：它比"时尚"更贴近日常生活的感受，或许"髦"字是身体的象征，卷裹在时代中，对世间万物更可感可触，与"摩登"或"现代"相比，"时髦"土生土长，听上去有一种俚俗的愉悦感，是不可被翻译的。到今天它仍然在口语里使用，但其话题性被单　的全球化"时尚"取代。

髦儿戏

"髦儿戏"指女子戏班，与"时髦"有裙带关系，是一部女子走上现代舞台的曲折历史，流风余韵至今不息，如越剧，仍具性别特点。

在晚清上海，女子不许在舞台上和男子一起演出，认为有伤风化，所以到民国初年"新剧"（后来的话剧）兴盛，演员还是清一色的男子。不久在共和与女权观念的推动下，禁忌被打破，出现了男女合演，也出现女子剧团，一种是演"新剧"，另一种演京剧，俗称"髦儿戏"。十九世纪七十年代京剧南下，在上海逐渐繁荣起来，女演员（即坤伶）很少，旦角都由男子扮演，于是"四大名旦"——梅兰芳、程砚秋、尚小云和荀慧生，是带有性别偏向的历史产物。到二三十年代坤伶层出不穷，遂出现了"四大坤旦"——雪艳琴、章遏云、新艳秋和胡碧兰，与男旦们相抗衡。但是事实上，明清以来女子戏班在民间一向存在，在上海则伴随着青楼业而产生，由"猫儿戏"、"毛儿戏"到"髦儿戏"，至二十世纪初而大为兴盛，一直活跃在舞台上，至二十世纪二十年代后半期而消衰。

对于"髦儿戏"有很多考索和研究的成果，众说纷纭，这里取一种记忆与史料的考察路径，结合图像和报纸广告，用以互证历史，意在勾勒女子戏班在上海的成长史。

二十世纪四十年代初越剧在上海风靡一时，女子演剧一枝独秀，有人作历史追溯："女子越剧所以有今日地位，亦犹髦儿戏蜕化为大班。"（龚邦天《闲话越剧》，《越剧画报》，1941年3月17日）越剧由"绍兴大班"演变而来，所谓"髦儿戏"指女子戏班的起源而言。自三十年代后半期起报纸杂志对"髦儿戏"发生兴趣，有不少追溯其源起的文章，各人从个人见闻出发，好似一叠老照片，在讲同一个故事，因年代久远而众说纷纭，时空依稀，聚焦模糊，单是"猫儿"、"帽儿"、"毛儿"和"髦儿"这几个词似在玩谐音游戏，却各有其源起的迷思，受到叙事欲望的驱动，涉及有趣的人物和情节。这里爬梳历史材料，为这几个词作一番侦探功夫，力图重现它们的历史场景，在其联系与演变中勾画出从堂会到戏院的演出轨迹。由于所见不免空白和断裂，其实史料也刻着记忆的印痕，所能做到的也是一种大致近真的拼贴。

首先是"猫儿戏"。1936年《戏报》上有署名"老副末"的《髦儿戏考》:"髦儿戏之名,四十年前已有之。予于乙未来沪,已闻其名,然不尝概见也。相传百花里(似在三马路)某妓院,有鸨妇大肚皮阿金者,蓄有雏娃三人,皆善歌舞,稔客遇有堂会,辄邀往搬演,沪语毛猫同音,因名之曰猫儿戏,后不知何人,以猫儿名不雅驯,为易今名云。"更早1915年《游戏杂志》第16期上有一则《髦儿戏》:"近年以来海上盛行坤班,俗呼为髦儿戏,此戏之由来,相传昔有扬州女子某,擅长此技,以小字猫儿,故得此名,后以猫字不雅驯,遂改猫为髦,惟清桂、双绣二家。人家有喜庆事,雇作堂唱,今则舞台接踵,且有男女合演者,不可谓非世风之日下也。"

作者对当时男女合演的新现象抱道德偏见,却提供了"猫儿戏"与某"扬州女子"的信息。这多半抄自王韬的《海陬冶游录》:"教坊演剧,俗呼为猫儿戏。相传扬州某女子擅场此艺,教女徒悉韶年稚齿,婴伊可怜。以小字猫儿,故得此名。沪上工此者数家,清桂、双绣,其尤著者。每当傅粉登场,锣鼓乍响,莺喉变徵,蝉鬓加冠;迷离扑朔,莫辨雌雄;酣畅淋漓,合座倾倒。每演少者以四出为率。缠头费,破费主人四饼金耳。"王韬自1849年起居住在上海,此书作于1860年,叙述十年间他艳游妓界的见闻。另在其《瀛壖杂志》中也有这一段,文字略有不同，最后增加"邗上繁华，惨遭兵燹"的感叹（中国文联出版社，2014，页188）。因为太平军战乱，这个扬州女子与其戏班逃难来到上海，演员都是女孩子，伶俐讨喜而走红。"以小字猫儿，故得此名"这一句有点猫腻，"猫儿"是指扬州女子还是班子里某一个？还是统称？含糊其词，大概作者自己也拿不准。"沪上工此者数家"在《瀛壖杂志》中改成"沪上北里工此者数家"，几家妓院也有这种猫儿班，因为受欢迎而流行开来。

光绪二年（1876）刊行的葛元煦《沪游杂记》中"戏园"条说："文班唱昆曲皆姑苏大章、大雅两班所演，始于同治二年。……尚有帽儿戏、花鼓戏，早奉查禁。"（上海古籍出版社，1989，页33）或许比同治二年（1863）更早，指的是民间女子戏班。"花鼓戏"出自湖南，属地方戏。关于"帽儿戏"，姚公鹤《上海闲话》解释道："以戏角中有纱帽方巾名色，女人装演男子故名。"（上海古籍出版社，1989，页28）但蹊跷的是《沪游杂记》中另有"花鼓戏 髦儿戏"条："异处求工，淫逞妖姬狂逞童。花鼓新腔送，卖眼春心动。咚！丑态帽儿同，干戈虚弄。一样排场，难把周郎哄。君看轻薄桃花总是空。"（页66）如词中描写，那是一种女子戏班，带有情色挑逗，具有民间戏曲的直率粗犷的本色。词中也有"帽儿"一词，因此葛元煦似把花鼓戏、髦儿戏和帽儿戏混为一谈。不过似可确定的是，这些都指民间女子戏班，而王韬所说的"猫儿戏"和后来的"毛儿戏"等源自妓院而自成系谱。

其实明清以来这种女子戏班在民间一向都有，民国时期在全国城镇和乡间演出，如1915年第12期四川《娱闲录》中《癸丑三月观髦儿戏感赋一首》诗"锦官城头春欲深，丝弦急管日浸淫。髦儿西至波澜异。一时神采无古今，电气高烧灿场屋……"，形容髦儿戏在成都演出的盛况。1924年7月7日《震属市乡公报》报道，在吴江上塘，"忽有髦儿戏班由吴江开来，主人系王姓弟兄，即搭台演唱，看资每人八十文，该班唱做兼优，故趋之唯恐不及"。这"髦儿戏"是否从上海传过去的？

需说明的是，如葛元煦所言，"文班唱昆曲皆姑苏大章、大雅两班所演，始于同治二年"。在1863年上海就有京昆演出，其中也有女伶，1888年《点石斋画报》的《游戏生涯》（图64）提供了一例宝贵的图证，说丹桂茶园名旦小桂林、小金宝有一回忽发奇想，扮成大姐模样乘东洋车游逛，在四马路口被人认出，认为有违租界禁例而被送至捕房。捕头说她们本来就是演戏的，游戏人间也无不可，就不加追究了。丹桂茶园开设于1867年，以名角儿为招徕，小桂林、小金宝就是戏院里挂牌的名角，与女子组团的"髦儿戏"不是一回事。

图 64　吴友如，游戏生涯，《点石斋画报》，1888

1895 年出版的梅花盦主主编的《申江时下胜景图说》，类似于导游图册，其中《猫儿戏》（图 65）也是一景，解说词曰："猫儿戏者，其始于妓家，苏州地方亦行有年矣，然不过喜庆等事为助兴起见，近则沪上张家花园、徐家花园至礼拜六、礼拜日，各妓女咸往串作，纷至沓来，登场扮演，居然响遏行云，游客满座，兴高采烈，每人连烟茶价洋仅二三角，惟所演者，亦不过采茶、牧羊卷、捉放曹等数出耳。即妓馆中亦有扮演，近益推广，自此日兴一日，每逢花园皆是也。"

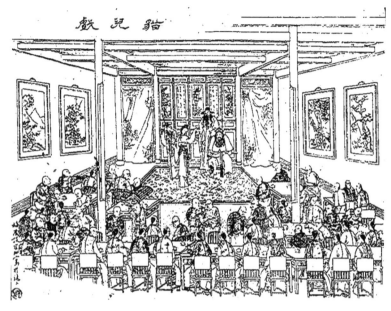

图 65　猫儿戏，《申江时下胜景图说》，1895

　　因为战乱，大量难民涌入上海租界，遂出现华洋杂居的局面，渐渐形成了华人社会。这段记载反映了青楼及娱乐行业开始兴起的情景，到后来同治年间才出现茶园，京剧渐渐流行。王韬笔下的这个扬州戏班演出出色，本来自清代乾隆时期"四大徽班"进京，扬州即为重镇，李斗的《扬州画舫录》记载了清代扬州戏曲繁盛的情况。

　　其次是"毛儿戏"，源自李毛儿，替代了"猫儿戏"。1940

年《永安月刊》上有汪余生《髦儿戏等等之原始》以"上海故事新编"为话题："有谓上海之有女戏班，始于京伶丑角李毛儿。"1945年《立言画刊》中听寒的《髦儿戏与毛儿戏》说得更详细："实则此种髦儿戏，乃误解者，本为'毛儿戏'，毛儿戏之取名，盖以创始之人为然，并不以班中角色为幼小与否也。清同光朝有三名丑，由北京至沪，即秃扁儿、李毛儿、朱二小是……李毛儿在沪最久，特创小女班，招集贫家女子年在十岁以上、十六七岁以下者，使之学戏，不论生旦净末丑，均由李毛儿教授，居然成绩甚佳。得十数人，成一小戏班。遇绅商堂会，约演小戏，亦能丝丝入扣，因无以名其班，乃群以班主之名呼之，故'毛儿戏'之名一时嚣于尘上，此海上髦儿戏之来源。毛之所以转为髦，盖又以年代久远，李毛儿物故已久，后人以此种戏为时髦，而呼之为髦儿戏也。"

关于李毛儿，听寒说他是同治、光绪年间从北京来的三名丑之一，在上海待得最久。葛元煦《沪游杂记》于"丹桂、大观、天仙各茶园名班脚色"条下记载："李毛儿，《卖皮弦》客人、《双钉记》吴能手、《十二红》毕朋。"（页87）李毛儿应当在光绪之前已在上海，在丹桂或其他戏院演出。1909年出版的《图画日报》（图66）上有"三十年来伶界之拿戏"的系列画，其中一图曰："李毛儿，天津人，光绪初年莅申，隶金桂部，工串小丑各剧，以神情胜，不仅以诙谐见长，演《送亲演礼》之乡下亲家母，笑貌声音，令人绝倒，他若《青石山》之王道士，《百万窟》之郁子奇，《狮子楼》之卖油灼桧人王祥，《赵家楼》之济颠和尚，《送灰丐》之乞儿等，亦俱形容毕肖，刻画入神，相传后与鸨妇大脚银珠合创一女戏班，由李教以各戏，名之曰毛儿戏，是为女戏之始，盖班以人传，至今毛儿二字，犹习用之云。"（上海古籍出版社，第 5 册，第 572 图）说李毛儿在光绪初来上海，不确。金桂即金桂轩戏院。

图 66　李毛儿之送亲演礼，《图画日报》，1909

韩邦庆的《海上花列传》第十九回写妓女屠明珠招待黎篆鸿等人。黎篆鸿是个有点来头的生意人，屠明珠是半老徐娘，却有身价，在上一回里朱蔼人与林素芬的对话中她被称为"时髦倌人"，代表某种时尚价值和交际级序，住"五幢楼房"，手下有四五个年轻妓女，家中排场在小说里可说是首屈一指。客堂是大菜间，书房点缀着琴棋书画，特地请了一班"毛儿戏"来表演，"在亭子间里搭起一座小小戏台，檐前挂两行珠灯，台上屏帷帘幕俱系洒绣的纱罗绸缎，五光十色，不可殚述"。"堂戏照例是《跳加官》开场，《跳加官》之后系点的《满床笏》《打金枝》两出吉利戏。"后面的正戏是"昆曲《絮阁》，钲鼓不鸣，笙琶竞奏，倒觉得清幽之致"。从这些描写可见"一班孩子"演出的情况，有板有眼，似正规演出。1892年韩邦庆自创《海上奇书》杂志并连载《海上花列传》（图67），每一回有两张插图。在第十九回这张插图中宾主一边吃西餐，一边观看演出，只是客厅和亭子间之间应当有建筑间隔，画工为了视觉效果把它省去了。

　　从这部小说看，当时仍流行"毛儿戏"一词。照一般逻辑应当是后来把"毛儿戏"叫成"髦儿戏"。不过似乎不能排除"髦儿戏"已在流传，只是作者使用了"毛儿戏"。《海上花列传》描写的"毛儿戏"是从哪儿来的？这涉及"毛儿戏"的后续故事。上文《图画日报》说：李毛儿"与鸨妇大脚银珠合

图67　韩邦庆,《海上花列传》第19回,1892

创一女戏班,由李教以各戏,名之曰毛儿戏,是为女戏之始"。
汪余生的《髦儿戏等等之原始》说李毛儿的女戏班"演戏极草
率","故除堂会外,从无有人顾问者。殆后有鸨母大脚银珠,
创一女班,延请京伶教授,而女班始露头角"。一说与银珠"合
创",一说银珠另创。虽说法不同,但说明"毛儿戏"成为一种

· 86 ·

范本，在妓院里组织女子戏班的还不止大脚银珠，如上文老副末文中提到："相传百花里（似在三马路）某妓院，有鸨妇大肚皮阿金者，蓄有雏娃三人，皆善歌舞，稔客遇有堂会，辄邀往搬演。"由妓院给社会提供娱乐服务，业务的扩展和竞争必然带来表演技艺上的改进和提高。当初李毛儿戏班子"演戏极草率"，在郑乐水的《上海髦儿戏溯源》中是这么形容的："李系京班小花，而所授之剧，生旦净丑无一不备，以是艺殊潦草，且班中人数寥寥，唱生者每兼唱旦，唱净者亦兼唱丑，以是所演之剧，殊不足观，非特黄腔走板不足为奇，而台步一切等之错乱，亦难以演述。"（《逍遥》，1936 年第 2 期）这么不堪的描写是出自一种严格的批评视角，是以戏院里正规演出的标准来衡量的。

曹聚仁的《上海春秋》一书是由其于二十世纪五十年代在香港发表的报章之文汇编而成，话题广泛资料翔实，为艺林称道。书中《"毛儿戏"与女戏院》写到李毛儿及其后续发展，李的女戏班"只是供应绅商各界的喜庆堂会，每台四出戏，每出银元四块"，这和上述王韬的《海陬冶游录》中"每演少者以四出为率。缠头费，破费主人四饼金耳"的话相似。把王韬转接到李毛儿，是一种想当然的演绎。又说李毛儿之后，"名妓大脚银珠、林小红的母亲，都组织了女戏班。那时大马路宝树胡同也有谢家班，都是应堂会的戏班。后来，女戏班唱堂会已成了风尚，每台戏价也逐增到百元之数了"（《上海春秋》，上海人民出版社，1996，页261）。这种情况颇适合《海上花列传》里所描写的，在屠明珠家里演的或许是谢家班之类的，有一套供客人点的戏单，朝正规方向发展，反映了"髦儿戏"正式登台演出之前的过渡样态。

图68　吴友如，巾帼须眉，《飞影阁画册》，1891

1891 年吴友如出版了《飞影阁画册》，其中《巾帼须眉》（图 68）与上面几张图不同，不是从台上演出，而是从后台化妆的截面表现班底内部。她们所扮演的男角包括生、须、净、丑，一应齐全，已是具一定规模的女戏班，这可为次年见世的《海上花列传》提供参考。

　　许多迹象表明，在光绪末年"髦儿戏"开始走向繁盛。颐安主人的《沪江商业市景词》刊印于光绪三十二年（1906），其中《髦儿戏》曰："髦儿戏俏听人多，一阵笙箫一曲歌。风貌又佳音又脆，几疑月窟降仙娥。"（顾炳权编《上海洋场竹枝词》，上海书店出版社，1996，页 134）"竹枝词"类似流行歌词，描写各种城市的应景时尚风貌，这首词以欣赏的语调道出"髦儿戏"的受欢迎程度。此时"时髦"一词也在演化中，不单指妓女，渐渐泛指时尚，这更利于公宣。听寒的《髦儿戏与毛儿戏》说："海上梨园有所谓'髦儿戏'者，说者谓为晚近新兴之戏班，班中角色多为幼童兼有幼女，以其幼小与能戏不多，而自趋时髦，故称为髦儿戏。"这么说似顺理成章，或跟时代节奏偶然合拍。今天看来这班女戏子更显得前卫，天红的《奇装异服》说："髦儿戏者，谓时髦女儿所演之戏也。此辈在昔多喜效作男儿装束，忆童年所见之髦儿戏子，多打油松大辫（时在清季，男子亦多垂辫），戴瓜皮小帽或鸭舌克发洋帽，天足长袍，外加马甲，略似旗妇装束，似当时旗袍尚未流行，妇女本多短衣也。故骤视其人，非男非女，颇不入眼，惟纵不脱脂粉气，一望而知为女性也。"（《新上海》，1947年第64期）

图69　曹涵美《髦儿戏》，天津《北画副刊》，1927年7月13日

曹涵美（图69）把"髦儿戏"看作一种女子职业，画演员在后台化妆间的情景。看点是如何变脸变装，背后墙上挂着种种须生、武生的面具和冠饰，左侧架子上放置十八般武器。坐在桌前的已经化装成男角，桌下是一脚金莲，旁边放着一双靴子，左边女子同样在穿靴子。这髦儿戏班看似行头十足，俨然是全盛时期的气候了。

从"毛儿戏"变作"髦儿戏"，从唱堂会到戏院，意味着进化与转折。什么时候开始走上舞台？卧读生的《上海杂志》说："上海自吉祥街杏花楼髦儿戏馆闭歇后，十四五年不闻有复开者，迨至五六年前又复盛行，争奇斗胜，一时有七八家，继而渐不能支，今仅存群仙一家在四马路胡家宅，生意尚不寂寞，角色亦极整齐。"（《稀见上海史志资料丛书》，上海书店出版社，2012，页160）照此书在1905年出版计算，十四五年前约1890年（光绪十六年），那时已有髦儿戏馆，似是最早的。吉祥街即今江西南路，四马路附近，缺乏资料印证。

多数文章都提到最早专演"髦儿戏"的是一家"美仙"戏院，老副末《髦儿戏考》中说："某岁，有吴新宝者，创髦儿戏于二马路，名曰美仙，实为正式女伶戏班之滥觞。"汪余生说谢家班"尚仅唱堂戏，犹无戏园也，至石路二马[路]转角之美仙髦儿剧戏园成立后，花旦林凤仙、须生吴新宝、青衣王桂芳，均声容并茂，颇负盛名"。曹聚仁更确切："到了光绪二十年，女戏班才正式在石路美仙茶园演出（即荟芳园烟馆原址），当时女角技艺平平，只有老生吴新宝、徐瑞宝，杰出一时。不过看女戏的看客，其意别有所在，色重于艺。"所谓"色重于艺"，许黑珍《旧时梨园风光》中有一段话："喜欢看髦儿戏的，也各家有各家的老买主，赏鉴艺术而往的也有，醉翁之意不在酒的也有，所以组党结社捧坤角儿并不始自今日，有财无势，有势无财，凭手腕子娶个把坤伶，彼时并不算稀罕，稍有姿色的红坤伶，被人量珠聘去，藏诸金屋的，比比皆是。"

　　不像上海第一次放电影，不管在徐园还是在礼查饭店，能有报纸新闻或广告为证，这个"石路美仙茶园"则无法求证。检阅光绪二十年（1894）及前后一二年的《申报》，无美仙茶园的广告，有丹桂茶园等五六家简略提供戏目，角儿名字极少。大约是某家髦儿戏班借个场子，持续了一阵，观者口口相传，像老生吴新宝、花旦林凤仙等留存在记忆里，固是值得纪念的历史定格。在美仙之后，胡家宅群仙茶园也是"髦儿戏"的发祥地。郑乐水《上海髦儿戏溯源》说："惟武剧则自胡家宅群仙开幕，始有武生小长庚，武旦一阵风，武二花小黑灯等，继之者则有王家武班，宁家武班，毛儿戏乃登峰造极。"（《逍遥》1936 年第 2 期）原先只能扮演老生、花旦等，能演武生，须武功打斗，对女子来说更不容易，也意味着髦儿戏的角色趋于齐全。1900 年 1 月《申报》上出现"胡家宅新开群仙茶园"的广告，列出十二种戏目，与其他戏院没什么不同。在 1902 年 6 月《游戏报》的戏院广告出现变动，各自开始列出角儿名字，以戏单为辅。群仙茶园在"全班演"之后所列的十二位包括小长庚、一阵风、小黑灯等。应当全是女伶，如果男女混杂，男角会觉得不爽而发生问题。在一年半之前开幕时应该就有这样的班底，即许黑珍所谓的"清一色的髦儿戏馆"，"不分文武，概与男角一样"。不过演员的流动性较大，如果与1905年6月《游戏报》上群仙的伶人名单对照，大多已离去，唱老生的郭月娥仍在。朱文炳的《海上竹枝词》成书于宣统元年（1909），其中一首："髦儿戏馆尽知名，丹凤群仙各竞争。漫道晓峰音调好，少娥亦是女中英。"（《上海洋场竹枝词》，页195）说明她名气很响，几乎成为群仙的一张名片。

曹聚仁说："还有那位童子卿，他在胡家宅开设群仙茶园之前，曾在带钩桥横街开设霓仙茶园，也是女伶演戏。"根据1903年2月14日《游戏报》的"带钩桥新开霓仙茶园"的广告，应在胡家宅之后，却有个"带钩桥会仙茶园"，与"髦儿戏"一词在演艺界公开亮相有关，值得一提。1901年11月17日《游戏报》戏院广告中一则《聚仙髦儿戏园声明》，谓租地未到期却被中止租约，于是告上法庭，经审理仍维持原约。据文中"擅租与会仙接开业"之句，这"会仙"似戏院，果然在该声明刊登后一周，在11月24日出现"新开会仙茶园在带钩桥"的广告。不知"聚仙"与"会仙"是什么关系，如果都在带钩桥，那么这个声明是个广告噱头，如果不是，那么"会仙"是另择地新开的。尽管有这些疑点，而且此后"聚仙"不再出现，"会仙"的广告只列戏目的格式，不能确知是否为髦儿戏馆，但重要的是"髦儿戏"在广告里冒头，虽则是昙花一现。

这几年戏剧迅速发展，广告进入名角时代，标志着伶人身份的公共提升及技艺竞争的加剧，实际上女伶发挥了前锋作用。可注意的是与1901年11月24日"新开会仙茶园在带钩桥"广告一起的愚园的一则广告："周处、花媛媛、花宝宝、小宝奎、林媛媛、林凤琴、林巧琴、林桂琴、林桂宝、林和琴等。本园特请京都、姑苏超等名角、鸿福文武全班，于是月十五日开演，请诸公光降早临。"以"名角"为号召，显然是个女戏班广告，具开创性，半年之后戏院广告仿效之。再来看1903年12月《游戏报》上的广告（图70），除了群仙自有一套人马，另有两个女班广告，一个是"张园大洋房"，以"挽请文武花榜状元客串三天"为题，列出十位女伶名字，最后加一句"请超等鸿福名班"，和两年多前愚园的相似，虽然名单变动很大。另一个"群芳楼书馆"的尺寸更大，"特请京都姑苏头等名校书登拾"，"名校书"即名妓，上下四行名单，上行大字列王宝宝等十位，下三行字略小，每行十三位，总共四十九位参演，可谓阵容空前。

張園大洋房

擇請文武髦状元客申三天

雅班於初九日開演

全班小寶林霞林臥棠胡嘯金蘭花蘭沈沁朱請...等

...

犀芳樓書館

特請京都姑蘇頭等名校書群登拾

王寶寶 王者 梅彩香 花飛雲 張君珍 程寫 仝閣樓 繡大閣 天香廊 高香廊

...

同一年 4 月 11 日《新闻报》刊出张园的广告"今日演髦儿戏"，列出小月仙等十位女伶，10 月 5 日《新闻报》上愚园的广告说："髦儿戏逐日午后开演。"《新闻报》是一张大报，登广告较贵，所以内容较简单。女戏班早已存在，从"髦儿戏"正式见诸广告的角度看，倚虹《上海的髦儿戏》说："髦儿戏馆之在上海，最初只有三家，一为海天胜处，设于味莼园内；一为乐吾轩，设于愚园内；一为海上群芳楼，设于四马路万华茶楼对门。海天主角为小玉佩，乐吾主角为小如意，群芳主角为小宝宝，均称系由京都邀到，实则都系当地土货，并有一部由妓女改造。"并说："每场所演亦有八九出戏，出出可看，场场精彩，自始至终，精神一贯，而所售戏价连同茶资在内，亦只小洋二角。"（《大地》周报，1946 年第 16 期）髦儿戏在张园、愚园演出，仿佛名正言顺，自得其所，尽管"出出可看，场场精彩，自始至终，精神一贯"，却因为业余，难以在戏院与科班名角儿争锋，因此始终定位于普罗大众的消费。至二十年代中期，髦儿戏在大世界和新世界有过一阵复兴，随后便渐渐淡出了历史。

时　装

　　"时髦"本指当红妓女，而"时"则含变易的流动性，产生于晚清妓界的公共交际的暧昧地带。当"时髦"逐渐泛指各种时新之物时，"时装"从中抽离出来而专指入时的衣装，跨越社会各阶层。有些竹枝词中已表达衣装与时间意识的关系，如1872年5月18日《申报》上的海上逐臭夫《沪北竹枝词》："花样翻新任讨探，不愁妆束入时难。随身别有银奁具，方寸菱花席上安（注：青楼中衣饰岁易新式，更有极小眼镜，观剧侑酒，皆随置座间）。"（顾炳权《上海洋场竹枝词》，页10）"入时"意谓进入时间流程，主观判断和公共标准混合，"岁易新式"以年度计量，"银奁具"大约是手提包流行之前的行头，随身携带随时应夑的"百宝箱"，如"小眼镜"用作"观剧侑酒"的道具，别添一种景致。

图71　艮心，花样一新，《点石斋画报》，1888

　　1888年《点石斋画报》里《花样一新》图（图71），标题从"花样翻新"而来，即与服装有关。题词说有人在尚仁里（今山东中路）某妓院摆酒，因为有妓女一个穿日本装，一个穿旗装，于是忽发奇想，要求朋友们招来的妓女一定要穿不同的服装，否则要罚酒。结果成为各式服装大会串，来的妓女分别穿男装、西装或北方装、广东装，有的穿尼姑装。一时琳琅满目，很像租界上五方杂处、文化熔炉的隐喻。题词形容道："花团锦簇，翠绕珠围，令人如入山阴道上，应接不暇。莫不采烈兴高，拍案叫绝。然而新则新矣，奇则奇矣，矫揉造作，终欠雅驯。噫！此《申报》中服妖论之所由作欤？"一面赞叹新奇，一面可惜不够"雅驯"，不免吊诡。

题词中提到的《服妖论》刊登在1888年3月9日的《申报》上，认为沪上一般男女的穿着与过去大不相同，如男人们"绮丽相高，僭越非分"，然而更令人惊骇的是妓女们的衣着："沪上妓馆中，事以出而愈奇，本以变而加厉，有令人惝恍迷离不可捉摸者，是真无理取闹，莫可名言，吾直断之曰服妖而已。夫妓者，事人以色，悦己为容，绮丽僭越，固不足责，暴殄糜费，尤不足诛。"把这些妓女斥为"服妖"，穿这类服装不啻是妖魔鬼怪，是该被诅咒的，接着又说她们穿得怎么个"妖"法：

其始亦不过以厌故喜新争奇制胜起见，迨夫变无可变，幻无可幻，遂至怪事咄咄，异想非非。有宽领垂裳作东洋服色者，有长巾窄袖作旗下妆束者，有扮作庵院之尼姑，星冠云帔而出局者，有扮作戏场之武旦，铁甲兜鍪而照相者，固已不类不伦，可骇可诧矣。乃不宁唯是，竟有被箭衣，套马褂，揎马蹄袖，或带绒结皮帽，或带红呢风兜，巍然高坐于双单马车，四马路中往来驰骋，电掣星流……

这篇文章说历史上有过"服妖":"昔五代梁时,世家子弟多喜傅粉熏香,短裎利屣,时八人之为服妖,为其近于妇人女子也,今以妇人女子而俨然作丈夫男子之服,不谓之服妖得乎?"男人变装为女人,历来被认为国之衰亡的表征,而现在女人变装为男人,更不像话。然而像《花样一新》图一样,一面谴责,一面流露艳羡之情,在"电掣星流"之后描写道:"厝耳目者,不复识庐山真面目矣。洎乎停鞭驻马,视其颊则粉晕犹掩也,视其唇则脂痕犹渍也;又从而俯视之,则罗袜弓鞋,犹是一钩新月也。及其趁花街,穿苔径,则又体态轻盈,腰肢娉袅,所谓千般袅娜,万般旖旎也。噫嘻!是耶非耶,何姗姗其来迟耶。岂天仙之化人耶,抑黎邱之恶鬼耶?"作者对妖服妓女从头看到脚,并作有滋有味的描绘,赞叹她们既是天仙又是魔鬼,仿佛中了魔一般。

《申报》每天在头版都有一篇相当于社论的文章,这篇《服妖论》试图指引公众舆情,既表现保守的道德立场,又欣赏妓女新装,迎合市民趣味,正体现了都市媒介多样杂糅的特点。对于上海的时装史来说,1888年似是个节点。文中提到妓女穿男装,以及在四马路上乘马车兜风的情节。这幅《花样一新》把各种服装的地缘特征表现得更为典型,值得注意的是图中左边一个扮男装的,戴着帽子和墨镜,跟在娘姨后面。

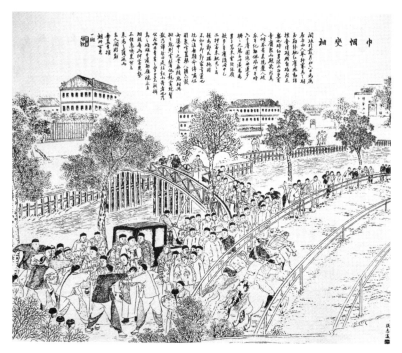

图 72　张志瀛，巾帼变相，《点石斋画报》，1890

　　《巾帼变相》图（图 72）即表现妓女变装的插曲。西人赛马是上海胜景之一，男女老少都来围观，其盛况"几致万人倾巷"。一个青年妓女生就一双大脚，于是扮作男子，和两个狎客混在人群中，结果一群无赖发现她是个女子，就骚扰不休。两个狎客急忙把巡捕叫来，方才解了围。

　　《续沪北竹枝词》曰："入时举止任人看，摇动双肩学步难。偌大莲船君莫讶，行来也觉态姗姗。"（注：诸姬行动举止必习时派，千人一辙。）（《上海洋场竹枝词》，页13）"入时举止任人看"用现在的话来说即为时装秀，"偌大莲船"指的是天足，"时派"意谓时下统一的做派。这种公共展示性的小说描写，如吴趼人《海上名妓四大金刚奇书》中，第七十八回写到张书玉逛张园，看到马车上陆兰芬遭人围观，"因此，触动了她的计策。从此以后，天天坐马车游张园。有心将那马夫装得穷奢极侈，奇形怪状的，招摇过市，惹人观看。惊得那眼光如豆的人，不胜羡慕。因此，张书玉的名，渐渐的有人知道，生意也慢慢的有些起色"。她从人群的好奇围观得到启发，把她的马车与马夫用作活动广告，果然收效。另在第八十七回描写春菲"也是天天的马车游张园，到了晚上又去看戏。看见几个时髦倌人的衣服式样，她便记在心上，自己到衣庄里去买"。春菲初到上海，就燃起一施身手的欲望，首先从模仿时髦衣装入手，方能获得进入都市舞台的资格。

另有《申报》1874年2月5日松江养廉馆主的《上海茶园竹枝词》："闺门妇女亦随波，有似新娘有似婆。时式衣裳时式髻，神凝目定语无多。"这里描写"闺门妇女"的衣裳与发髻加入了时尚因素，似是中年妇女，在独自端详自己的镜像，到底像新娘还是像婆娘，心思纠结。当女学、放足和自由婚姻成为新潮，进入公共空间的女子越来越多，她们在衣着上追求"时式"，自然受到妓女的影响，不仅是妇女，也包括学生。1909年《民呼日报》上有钱病鹤的漫画（图73），左边女子胸前是"金钱主义"，右边女子是"自由结婚"，根据外观很难说"谁是学生，谁是妓女"。而此图中学生的衣服是从张聿光画（图74）里借来的，有同样的"时髦"样式。张聿光画的"看"字很有警示作用，"时髦倌人"的马车驰骋在通往张园的大马路上，犹如在都市的风景线上走秀一样。时尚的形成以相互影响及趋同性为基本条件，其视觉机制是看与被看的关系，这不禁让人想起鲁迅的"幻灯片事件"，国人在围观同胞被日军砍头时的"麻木"表情，成为国民性的隐喻，而在十九世纪后半叶进入了全球流通秩序的上海，滋长着一种新的看与被看的模式。如果说"麻木"是凝固的传统时间的表征，那么这一新模式所呈现的是感官欲望的"紧张"，照法国哲学家居伊·德波的说法，充斥着被"景观社会"的意识形态操控的拜物欲。

图73　钱病鹤：谁是学生，谁是　　图74　张聿光，看男女学生时髦装式
　　　　妓女；《民呼日报》，1909

1893 年吴友如出版了《飞影阁画册》，分"时装士女"、"百兽"和"闺媛"等类目，这些图都在数年前的《飞影阁画报》上刊登过，但在"时式""时派"等词语的基础上，"时"与"装"的拼搭将服装与时尚直接对接，显然具历史定格的意义。

图 75　吴友如，队结团云，《飞影阁画册》，1891

一个明显的特征是数十幅"时装士女"图的服装款式是相同的，皆为圆领宽袍大袖，从内容上看包括吹拉弹唱的妓女，具膝下儿女之欢的少妇，也有丝厂女工等。如这幅《队结团云》（图 75）图，婀娜步出轿子的女子将去"杏花村番菜"馆，是个应召妓女，陪伴的娘姨拿着琵琶，站在她一边的婢女穿同一款式的服装。所谓"时装"在基本款式上没什么不同，差异在于色彩、做工和面料等。画册似乎有意模糊不同阶层的界限，不过从消费策略来说，一视同仁能覆盖最大的读者面。

出版物各有其目标读者。有趣的是与上面相似的移花接木的例子。吴友如的原画作于1891年，次年的《海上青楼图记》（图76）是一本妓女广告图册，其中严小玉这张即据原作剪裁而成。是因为没有版权还是没有得到吴的同意，不得而知。且不说这张图里本来就是个妓女，而其他多张也是剪裁的，包括闺阁妇女，因此可以说画册所表现的是以"时髦倌人"的"时装"为蓝本的。

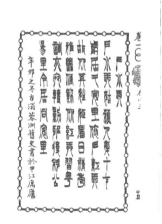

图76　严小玉，《海上青楼图记》，1892

早些时候，1887年的《镜景箫声》（图77）是一本用石印照相技术做成的妓女广告图册，此图的女主叫朱琇，另一页是她的小传，叙述其生平和美貌。每个妓女的服装也是千篇一律，圆领宽袍大袖，交颈长衣，一直到1898年《海上名妓四大金刚奇书》的插图，胡宝玉等时髦倌人的服装也是这个样式。

图77　朱琇肖像，《镜景箫声》，1887

然而当你翻开 1909 年的《图画日报》，一定会惊诧莫名，女子时装突然变了，变得如此彻底———一律的高领细裤窄袖，不变的是三寸金莲。从立足本土，特别是对上海的日常生活的历史写真这一点看，《图画日报》比《点石斋画报》更为重要，虽然图画质量比不上后者。其中"上海社会之现象"专栏连载之图有关男女时装，也涉及城市生活的千姿百态，可说是时尚的展览长廊。上文已经列举过吸纸烟、金刚钻戒指的图画，下面再列举一些。

图 78　妓女寒夜出局身衣斗篷之艳丽，《图画日报》，1909

图78题词曰："近日沪上时髦妓女，尤喜以艳色花缎或绉纱为面，洋灰鼠或洋狐腋为里，作斗篷，于寒夜衣以出局。"的确，时髦妓女的服装非常讲究，里和面用不同的材料做成，应当来自提供舶来商品的洋货行、洋货店。报纸上一向登洋行的广告，举1908年11月16日《申报》上瑞和洋行的货品为例，有羽绸、贡缎、罗缎、花缎、毛呢、芝麻呢、条子绒、格子绒等。有些冠之以"大吉大利""鸳鸯楼"等名牌，显然是面向华人的。

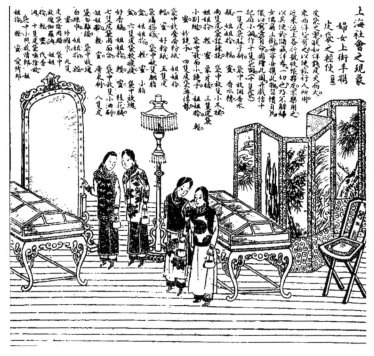

图79　妇女上街手携皮袋之轻便，《图画日报》，1909

图 79 题词曰："皮袋之制，状如洋钱皮夹而大，东西洋皆有之，以便旅行人所用。近来沪上各行号收账伙友，亦乐用之，以其便于储藏洋券一切也。乃不解妇女偶尔上街，每亦喜携此物，习惯自然。"这"皮袋"即上文提及的"提包"，今或叫"手袋"。

图 80　妇女竞戴金丝眼镜之时趋，《图画日报》，1909

图 80 题词曰："眼镜一物，向惟男子之有目疾者用之。自墨晶眼镜盛行，人喜其可蔽风沙，于是戴者渐众。自金丝眼镜

出，而闺阁中乃有借此以为美观者。今则上自官眷，下至娼妓，几于数见不鲜。"如"墨晶""金丝眼镜"流行颇久，后来至民初好莱坞笑星鲁克的眼镜风靡一时。

图81　男女共悬钮子鲜花之时道，《图画日报》，1909

图81题词曰："钮子花始于西人，有以绸绢为之者，亦有以鲜花制成者，悬诸胸前，颇为耀目。华人效之，近来无论男女，皆喜悬挂此花。"这种喜好没维持多久，其中"时道"一词

与图80中"时趋"一样，皆时尚之意，未能流行。另外"钮子花始于西人"值得注意，其实租界在文化上中西交杂，服饰时尚在很大程度上受到西人的影响，直接通过照相、明信片、画报、电影等视觉媒介，有模仿或挪用的，使之适合自身，物质方面更多通过外来的商品渠道，如百货公司的洋行。在清末众多的"狭邪小说"中可不乏关于时髦妓女和妓院的高端消费品的描写，诸如手表、钻戒、家具、灯具、照身镜、时鸣钟、项链、手镯等，都是由洋行提供的。

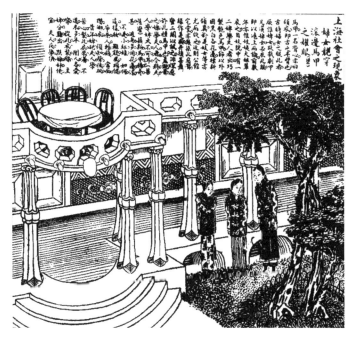

图82　妇女竞穿滚边马甲之耀眼，《图画日报》，1909

服装细节中有趣的是马甲“滚边”的细节。马甲向来是婢女穿的，是一种身份标志，如前文《队结团云》图（图 75）中携带琵琶的便是妓院里的“大姐”，即婢女。图 82 题词说：“即以沪上而论，前数年亦惟娘姨、大姐辈衣之。自妓院中有一二婢学夫人者出，巧制艳色马甲，饰以外国黑白各花边，标新领异，于是妓女等亦尤而效之。近则公馆宅堂，亦几染此恶习。”

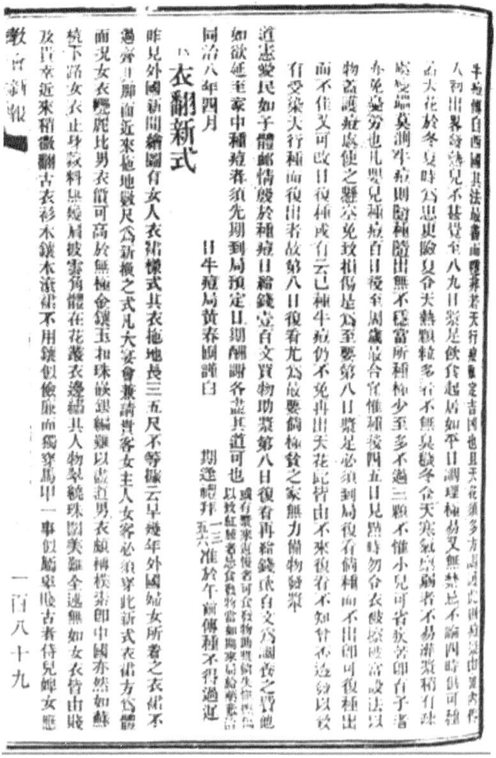
道志愛民如子體卹情殷於種痘日給錢壹百文買物助漿第八日復看再給錢伍百文爲調養之資他
如欲延至家中種痘者須先期到局預定日期酬謝各盡其道可也
同治八年四月　日牛痘局黃春甫謹白　期逢禮拜一三五六准於午前傳種不得過遲

衣翻新式

昨見外國新聞紙繪圖有女人衣裙樣式其衣拖地長三五尺不等據云早幾年外國婦女所著之衣裙不過齊于腳面近來拖地數尺爲新樣之式凡大宴會兼請貴客女主人女客必須穿此新式衣裙方爲體面況女衣體靡比男衣價可高於無極金鑲玉和珠嵌銀編雞以盡其男衣頗稱樸素即中國亦然如蘇杭下路女衣止身衣料與綾屑披雲爲體在花蕊衣邊繡其人物獸鳥珠翠美麗全邊無如女衣皆由賤及貴幸近來稍微翻古衣衫不鑲不滾裙不用鑲似儉廉而獨穿馬甲一事似觸卑賤古者侍兒婢女應

教會新報　一百八十九

图 83　衣翻新式，《教会新报》，1869

虽题词观点守旧，却可见衣服风尚变化之一斑。婢女用"外国黑白各花边"给马甲"滚边"，具"标新领异"之效，对妓女们来说，追求审美创意更甚于尊卑界限，且波及有身份的妇女。这种"外国花边"应当来自洋行或洋货店。

十九世纪六十年代的英文《字林西报》常有伦敦、巴黎、纽约的时装及其他消费新潮的报道，对于租界华人似乎没什么影响。在 1869 年《中国教会新报》上有一则《衣翻新式》（图83）的短文：

> 昨见外国新闻绘图，有女人衣裙样式，其衣拖地长三五尺不等。据云早几年外国妇女所着之衣裙，不过齐其脚面，近来拖地数尺为新换之式。凡大宴会兼请贵客，女主人女客必须穿此新式衣裙方为体面。况女衣艳丽，比男衣价可高于无极，金镶玉扣，珠嵌银编，难以尽道。男衣颇称朴素，即中国亦然。如苏杭下路，女衣正身，縠料无几，肩披云角，体在花丛，衣边绣其人物，翠绕珠围，美难全述。

传教士不仅宣教，还传播有关西方妇女服装新潮的信息，文化渗透至日常生活。因为此篇文章出版时间较早，较有价值。西方人常常抱怨中国的传统艺术充斥繁文缛礼，枝节横生，与现代精神相背离，而这篇文章将镶金嵌珠的中国女性服装与拖地三尺的外国妇女长裙作比，似对前者持一种欣赏态度。

图 84　妇女冬令喜用围巾之飘逸,《图画日报》,1909

　　图 84 说明外来影响须适合在地需要。题词曰:"女界之用围颈御寒，自西女始。近则中国妇女纷纷效之，虽其制不一，有作披肩式者，有作三角形者，类皆以绒线结成，而以鹅毛制作长裘，悬挂颈际者，风吹毛动，尤具飘逸之致。"

图85　寒天妇女用臂笼之娇情，《图画日报》，1909

　　图85题词曰："自泰西妇女于办事之暇，每届冬令，或以皮制臂笼御寒后，中国妇女尤而效之。于是臂笼之制，亦月异而岁不同。有以翻毛为之者，有以丝绒、海虎绒为之者，除晨起理妆、晚间安睡外，每日几以此笼为玩具，而于作事一层，竟置不问。"《图画日报》真实记录了清末上海流行的各种生活习性，反映出时尚观念的觉醒与传播，许多地方观察得相当仔

细，甚至指出其流变的过程，对于上海城市文化史来说很珍贵。与十年前的时装图作比照，所谓由圆领宽袖转向高领窄袖是就变化的主要特征而言，具体款式趋向多样化，上衣既有交颈的，也有对襟的，增加了披肩、马甲、帽子，长裙几被裤子取代，皮袋、围巾等跟户外活动有关。这些图不专绘妓女，且描绘街上、花园等公共场所，是一种女性公共流动的隐喻。

为何出现如此剧烈的变迁？若用张爱玲的《更衣记》的点评很合适："我们不大能够想象过去的世界，这么迂缓、宁静、齐整——在清朝三百年的统治下，女人竟没有什么时装可言！一代又一代的人穿着同样的衣服而不觉得厌烦。……从十七世纪中叶直到十九世纪末，流行着极度宽大的衫裤，有一种四平八稳的沉着气象。领圈很低，有等于无。"若把这一段看作对吴友如的"时装"的批评，非常契合。她又说："第一个严重的变化发生在光绪三十二三年。铁路已经不那么稀罕了，火车开始在中国人的生活里占一重要位置。诸大商港的时新款式迅速地传入内地。衣袴渐渐缩小……一向心平气和的古国从来没有如此骚动过。在那歇斯底里的气氛里，'元宝领'这东西产生了——高得与鼻尖平行的硬领，像缅甸的一层层叠至尺来高的金属项圈一般，逼迫女人们伸长了脖子。这吓人的衣领与下面的一捻柳腰完全不相称。头重脚轻，无均衡的性质正象征了那个时代。"（《流言》，皇冠出版社，1991，页68-71）"光绪三十二三年"是1906-1907年，不知她以什么作根据，但是1909年的《图画日报》仿佛提供了佐证。张爱玲提到"铁路"，指出其是"变化"的重要原因，颇有唯物主义思想，铁路使"时新款式""迅速"流通，也加速了时尚观念的成熟。

以高领为标志的时装在民国头十年里独占鳌头，文艺杂志的封面及内页照片充斥着时装美女。如1914年《中华小说界》第二期的内页照片刊登了中国、英国、意大利和日本的美人图，将中国美人置于世界美人之中，是民族自尊的表示。如图86这张照片在展示当时的审美情趣来说具有代表性，其齐耳的高领当然也是标准样式。

图86　中国之美人，《中华小说界》，1914

这很可能是个时髦妓女，而同一期杂志的封面（图 87）则是家庭妇女的形象，高领头没那么夸张。

图 87　《中华小说界》，1914 年第 2 期

　　张爱玲《更衣记》又说："民国初年的时装，大部分的灵感是得自西方的。衣领减低了不算，甚至被蠲免了的时候也有，

领口挖成圆形，方形，鸡心形，金刚钻形。"其实较为确切的时间是在二十年代初，《礼拜六》周刊是个佳例。前一百期发行于1914—1916年，主要由丁悚所画，多为青年学生，几乎一律的高领口衣装（如图88）。后一百期发行于1921—1923年，画者为谢之光等，多为青年女子和家庭妇女，服装一般为浅领口，许多属圆形（如图89）、方形（如图90）、鸡心形（如图91）等，具城市和西化气息。

图88　丁悚，《礼拜六》，1915

THE SATURDAY No. 115 "LOVE."

图 89　谢之光，圆领领口，《礼拜六》，1921

图 90　永森，方形领口，《礼拜六》，1922

一三二 六拜禮

THE SATURDAY. No. 132.

图91　麟心，鸡心领口，《礼拜六》，1921

二十年代旗袍渐渐流行，至 1928 年上海出现陆小曼、徐志摩参与的云裳公司，接着又有鸿翔时装公司，京沪两地都有妇女服装展览会，标志着中国时装发展新浪潮，中西交融，多姿多彩。这些在拙著《陆小曼·1927·上海》一书中讲到。

时　尚

　　英文 fashion 今译为"时尚"，很早就进入上海。1865 年 6 月 13 日《字林西报》以 Paris Fashions（巴黎时尚）为题记述巴黎演艺界"红牌"女明星之间的竞争。1866 年报道 6 月与 7 月的流行时装。"时尚"是常设主题，主要关于妇女服装，有的转载自欧洲报纸，有的是由伦敦或巴黎发来的记者通讯。1880 年 3 月 8 日《字林西报》介绍巴黎的女式时装，还有伦敦绅士喜欢带镶嵌钻石、宝石的女性化戒指。1882 年 3 月 9 日介绍关于巴黎和伦敦的时装及其观念的比较。1883 年 6 月 5 日报道纽约记者对于女子服装的评论等等。对旅居在上海的洋人来说，通过时尚消息及时了解各大都会的服饰与审美趋向，关乎全球流通的文明价值与殖民身份的认同，尤其对于妇女们也是一种重要的社交语言，因此不可或缺。

　　1911 年 8 月 China Press（《大陆报》）创刊，同样注重时尚报道，如 1912 年 1 月 21 日 Constance J. Mayer 的《家居时尚》（Fashion for Home Wear）（图 92）之文叙述巴黎妇女穿戴的卧室帽子和长裙，妇女作为贤妻良母为悦己者容，根据家中不同房间的环境给孩子创造愉悦的气氛，又说到美国鞋业覆盖世界等。《大陆报》似乎更配合在地实际情况，1912 年 1 月 21 日 Betty Harlan 的《时尚与上海商铺》（Fashion and Shanghai Shops）介绍 Lane Crawford（连卡佛，现在上海仍有旗舰店）等洋行与外国公司的季节策略与各种时令商品，包括各色衣料等。这样的报道是连续性的，当然比当地中文报纸的广告要详细得多。

The Boudoir caps and gown shown here are the latest things in this line

and come direct from Paris to THE CHINA PRESS. They are discussed in the accompanying fashion article by Mlle. Mayer.

图 92 《家居时尚》插图，《大陆报》，1912 年 1 月 21 日

在英文报刊上 fashion 如此使用，显见重要，然而在现代中国有没有被翻译过来？高名凯、刘正埮的《现代汉语外来词研究》一书中并无英语 fashion 一词，有一条从古法语 façon 翻译过来的"花臣"，是粤语发音，意为"风行，时髦"（文字改革出版社，1958，页 50）。另一方面，如果检索"时尚"的中文使用，实在少。而且是否为 fashion 的翻译也颇可疑，因为中国古代早就有"时尚"，如宋代俞文豹的《吹剑四录》："夫道学者，学士大夫所当讲明，岂以时尚为兴废。"清代钱泳的《履园丛话·艺能·成衣》："今之成衣者，辄以旧衣定尺寸，以新样为时尚，不知短长之理。"《汉语大词典》解释为："当时的风尚；时髦。""时尚"也指衣服及其他时兴的事物（页 3029）。

检索"时尚"在晚清民国时期的使用，实在很少。1893 年 5 月 6 日《新闻报》的一则《京中时尚》："客有以京中时尚告者，亦将踏软红者所宜知也，故备录之。"这"时尚"主要指男人服饰，如："大帽以敞边为时尚，若帽边直上而削平者则以为不合式也。""近数年又有金貂绒做外褂者，此服用于将穿棉褂之前，穿珠皮时亦可穿之。"又关于补服、顶子、靴子、宁绸外褂等，还包括"鼻烟壶以长方式为时"，"荷包以宋锦制成，又有错纱者亦时"。这讯息似是针对赴京人士，告诫上京应试者，如果将茶叶作为礼物的话，"惟京中所饮之茶，以六合及福建所出者为尚，而不取浙江之绿茶"，送绿茶就会被束之高阁。

1897年4月18日《申报》有一则《英文时尚》："《太阳新报》云，今地球诸国用英语者，日见增多。查西历一千八百年之始，法国语言文字行于欧美两洲者百之二十，俄语百之十九，德语百之十八，西班牙语百之十六，英语百之十二，意语百之九。其时政务商务订约行礼咸用法文，德文通行之区，亦较英文维倍，今则和约合同皆以英文为准，各国人士无有不学习英文者。"同年第7期《利济学堂报》转载了这条讯息。这"时尚"指英文在世界上的流通。

《太阳新报》似是一份日文报纸，而《新闻报》的"京中时尚"与《字林西报》的fashion用法十分接近，另在1910年4月11日的"沪事谈琐"栏目中报道："男子好戴尖顶帽，妇女喜为堕马髻，此上海莫名其妙之时尚也，然而犹不足奇。所最奇者，无过于金镶齿。有齿本无恙，而以镶金为美观，至有毁齿以为之者。夫以饰观之故，而不惜毁及其体，其志趣可想矣。他人偶然之事，而吾人以为必然，近日之醉心欧化者，作种种不可思议之服饰，乃至作种种不可思议之议论，殆亦金镶齿之类耳。"关于男子戴尖顶帽和镶金牙齿，《图画日报》（图93）都刊登过，所谓"近日之醉心欧化者"，可知清末的上海在日常生活与物质文化方面的倾向。

图93 社会竞戴尖头小帽之奇形，《图画日报》，1909

　　题词作者可说是时尚专家，同样对这种尖顶小帽的来龙去脉了如指掌，说这种帽子在《水浒传》里是李逵戴的，现在上海人趋之若鹜，匪夷所思。图94题词曰："自西医发明齿科之学，世之患齿病者，皆受其益。抑且无齿者可镶假齿，仍能咀嚼各物，不啻齿落重生，实为神乎其技。至其所镶之齿，有磁制者，有金制者，金制价较昂贵，最觉灿然可观，于是此风盛行。即平日并非无齿男女，亦有彼此镶嵌二三粒以为美观者，习俗之移人如是。"对上海相当发达的西医齿科已表示称赞。另据1911年8月6日《新闻报》的"沪事谈琐"中："上海最时尚最流行之会，盖有两种，一为欢迎会，一为追悼会。"《新闻报》中"时尚"指服饰及其他流行的事物。

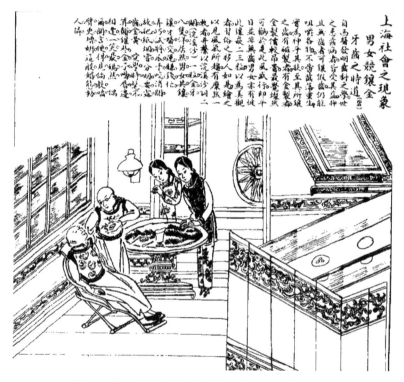

图94　男女竞镶金牙齿之时道，《图画日报》，1909

这么看来"时尚"与 fashion 的关系很是暧昧。1935 年《妇人画报》以"健康时尚的美"为题刊登了七位女性的照片，有意思的是这个"时"字用古代"旹"字，似暗示其根源于本土传统。可确定的是，它未得到广泛使用，大概是显得平板，比不上"时髦"深植于民间，富于感性与画面感，又不比"摩登"既土又洋，激发"现代"想象。至于自二十世纪八九十年代起"时尚"与 fashion 对接，一直流行至今，则是一种全球同质化现象。

摩 登

"摩登"在二十世纪二十年代末不胫而走,与"时髦"汇合而引领都会时尚新潮,却起因于即将成为"四大名旦"之一的尚小云的《摩登伽女》。1928年1月17日《申报》上鲁少飞的漫画《上海之时髦女子》(图95)似画一个妇女沙龙,时髦的不仅是花哨衣装,抽烟或支颐的神态,也是报纸上尚小云的《摩登伽女》(图96)的演出广告,可见这出戏的风靡程度。

两三月前,尚小云于1927年9月30日和10月8日在上海荣记大舞台演出《摩登伽女》。据《申报》广告,这出"空前绝后佛国惟一情剧"是新排的,先是在北方演出,《顺天时报》为五位名伶新剧举行大众投票评选,《摩登伽女》获六千六百余票,为诸剧之冠。

《汉语大词典》有"摩登伽女"条:古印度摩登伽的淫女。梵语matanga,指游民。《楞严经》卷一:"阿难因乞食次,经历婬室,遭大幻术,摩登迦女以娑毗迦罗先梵天咒,摄入婬席,婬

图 95　鲁少飞，上海之时髦女子，《申报》，1928 年 1 月 17 日

图 96　尚小云《摩登迦女》广告，《申报》，1927 年 9 月 29 日

躬抚摸，将毁戒体。"（《汉语大词典》，页 3731）尚小云的《摩登伽女》据此演绎，讲摩登伽夫人，深通妖术，能勾摄生人魂魄，任意役使。其女儿钵吉帝即摩登伽女，艳绝人寰，遇见释迦牟尼的弟子阿难，顿生爱意，以神咒使阿难陷于迷幻。佛祖得知，为了破除妖术，派文殊菩萨前来解救阿难。摩登伽女为与阿难在一起，最终受佛祖训诫而皈依佛门。这部戏出彩之处在于作"西方美人妆，别饶风趣"。演出中屡次变换行头（见图 97，图 98，图 99，图 100），"或则金碧辉煌，或则绮罗隐约，悉与绣幕雕帘交相掩映。此剧所制衣裳，综计值八千金"。最后在佛殿中穿"金缕之衣"跳"英格兰女儿"舞，"以旋舞舞衣，成一覆碗状，而彩声四起"（秋舫《纪小云摩登伽女》，《尚小云专集》，1935）。这舞蹈在广告里是"the english girl barn dance"。《摩登伽女》在天津演出不获好评，《北洋画报》的一篇剧评说尚小云好出风头，讲的是印度故事，又跳"英国女子"舞，完全不伦不类（诛心《观尚小云剧记》，1927 年 7 月 9 日）。然而在北方已高票夺冠，说明大众喜欢，到上海，如鲁少飞的漫画所示，一般时髦女子趋之若鹜。

1927 年 8 月云裳公司开张，由陆小曼、唐瑛等一众名流加持，也属上海滩的文化盛举。尚小云也去打卡，《上海画报》刊出其照片（见图 101，图 102），可见云裳公司的西化风格，仿佛是摩登伽女的时装秀。

图 97 尚小云《摩登伽女》戏装，
《晨报星期画报》，1927

图 98 尚小云《摩登伽女》戏装，
《世界画报》，1928

图 99　尚小云《摩登伽女》戏装,《戏剧月刊》, 1929

图100 尚小云《摩登伽女》戏装,《戏剧月刊》, 1929

图 101　尚小云，云裳公司时装,《上海画报》，1927 年 10 月 12 日

图 102　尚小云，云裳公司时装,《上海画报》，1927 年 10 月 12 日

过去有过根据《楞严经》改编的戏曲作品，如明代徐渭《翠乡梦》第一出："当时西天那摩登伽女，是个有神通的娼妇，用一个淫咒，把阿难菩萨瞬时间摄去，几乎儿坏了他戒体。"明代屠隆《昙花记·超度沉迷》："任他天女，觑为革囊；岂放摩登，毁吾戒体。"《二刻拍案惊奇》卷二一："似是摩登女来生世，那怕老阿难不动心。"因此衍生出"摩登"和"摩登女"（《汉语大词典》，页3731）。

尚小云的《摩登伽女》开启了"摩登化"即"现代化"浪潮，一发而不可收。在尚小云的演出里，印度故事和英格兰舞蹈混在一起，似乎已经作了跨语际跨文化链接。无疑《摩登伽女》本身，且以男旦穿云裳公司的欧美式新装及其公共展示，都极其"时髦"。另一方面创办云裳公司的多为海上名士，包括从法国留学归来的画家江小鹣、代表新文学的徐志摩和胡适、鸳鸯蝴蝶派代表文人周瘦鹃等，所以当《摩登伽女》遭遇云裳公司，古今中外杂交融汇触发了文学文化的跨媒介"现代性"神经，于"上海世界主义"而言颇具渐入佳境的意味。

黄苗子作《摩登伽女》图（图103）刊于1936年《小姐》杂志上，附诗一首："摩登伽女工媚术，漫把阿难戒体沾。我是如来最小弟，曾从佛座听楞严。"略为抽象的裸体，妖艳中带

图 103　黄苗子,《摩登伽女》,《小姐》, 1936 年第 1 期

点恐怖，这和尚小云的剧本一样也根据《楞严经》的故事。另有 1945 年《春秋》杂志上白荻的小说《摩登伽女》，浓墨重彩地描绘摩登伽女的淫荡和妖魅，当阿难在帐幕外窥见她："胸脯整个的袒裸着，两颗鲜嫩的紫葡萄高高地矗立在两座坟墓样的肉堆尖下，腹部也完全裸着，脐眼上面盖着一块闪光的红宝石，下面围着一条蝉翼那样薄的纱裙，下肢也和全裸着没有什么两样。"下面这幅董天野的插图（图 104）表示随后发生的情况，阿难被摩登伽女迷住，前来搭救阿难的文殊菩萨看见他躺在榻上"半醒半眠，憔悴得已失去了人形"。尽管结局是邪不压正，此事在一片祥光后落幕，但风流妖女的魔力仍在人间游荡。

原来尚小云的剧本里摩登伽女见到阿难时"踊跃抱之，著床上暂时"，具情色暗示，在舞台上只能作象征性表现。无论是黄苗子的漫画还是白荻的小说，对摩登伽女的原型的重构，却是二十世纪三四十年代流行的"摩登女"的镜像投影，她们在情欲方面显得外向和开放，骨子里渗透着放浪的魔力，在此基础上形成两性关系的变化，女性比男性更为强势，白荻的《摩登伽女》在这一点上和戏剧不同。摩登伽女不满男子可以随便和女人发生关系，女人只能守着一个老公，且丈夫死去，妻子须陪葬。为了报复，她在森林里集合其他女子，用魔法控制男人，让他们自己主动来供她们寻欢作乐。

图 104　董天野，《摩登伽女》插图，《春秋》，1945 年第 2 卷第 7 期

1936 至 1937 年《逸经》杂志连载了美国布思·塔金顿（Booth Tarkington）的长篇小说 *The Flirt*，意为"调情者"，女主康兰是个"说见谁爱而魄荡魂迷"的"十全美人"，善于施展各种手段将追求者玩弄于股掌之上，简又文译为《摩登伽女》，其实这美国小镇的窈窕淑女实在谈不上淫荡放浪，译者不惜张冠李戴，多半出自大众营销的考量。

1928 年 2 月 2 日《中央日报》开辟《摩登》专刊（图 105），发表《摩登宣言》，声称："摩登者西文'近代'modern 的译音也。欧洲现代语中以摩登一语之涵义最为伟大广泛而富于魔力。"并欢呼"摩登精神"，所谓"摩登精神以为新时代的先声。摩登精神者自由的怀疑的批判的精神也"。并"将细意地研究摩登的思想问题，更不断地发表摩登的戏曲诗歌小说"。不管思想还是文学都必须是"摩登"的。专刊连续刊登了林文铮翻译的波特莱尔《恶之花》，其他撰稿者有田汉、徐悲鸿、沈从文、李金发、陈西滢、刘开渠等，皆为沪上文艺界名流。《中央日报》是国民党报纸，主编这个专刊的是田汉，"宣言"中称颂国民党是"摩登革命精神之产物"，又说如果国民党"能以国民之痛痒为痛痒"，就称得上"摩登"，否则"腐化恶化，自速其亡"，那就是"不摩登"。这么说不大客气，对国民党当局来说当然不中听，这个《摩登》专刊昙花一现，没几个月就终止了。

尽管"摩登伽女"已播之人口，但"宣言"说"摩登者西文'近代'modern 的译音也"，说明另有源头。就田汉长期留日而言，应当是受了日本的影响。在日本有人把"modern"译为"摩登"，但普遍译为"近代"或"现代"，这两词早在二十世纪初就传入中国，也一直为国人所习用。因此为什么要使用"摩登"？这很难说得清楚。可能听上去较为悦耳？或与"摩登伽女"流行有关？或者不像"近代""现代"那么西化？的确，《摩登宣言》既把国民党称作"摩登革命精神之产物"，就含有政治性，而北伐以"打倒帝国主义""收回租界"的口号，具民族主义倾向。从词语角度看，"modern"的同义词"近代"和"现代"的使用更为频繁广泛，而"摩登"则更扣连都市文化，特别在上海，紧贴日常生活的烟火气，别有一种不中不西的"魔力"。与"时髦"交相作用而具"现代"意识，反映了时尚与物质文化、女性身份的历史演进，也开启了文艺上"摩登化"或"摩登主义"的潮流。

图 105 《摩登》专刊，《中央日报》，1928 年 2 月 2 日

田汉推导了"摩登"现代主义。这几年他在上海异常活跃，创办《南国月刊》，从事新戏剧运动，又创办"南国电影剧社"，拍摄电影《到民间去》。1927年初在《银星》杂志连载的《银色的梦》，对中国电影是个划时代文献，与文学也很有关系，文中勾画了以"咖啡店、汽车和电影戏"为特征的都市风景线，谈到王尔德的《莎乐美》、德国表现主义影片《卡里加里博士的小屋》以及"凡派亚"（vampire）式现代女性，同时也十分赞赏民间鬼怪传说和当时鸳鸯蝴蝶派的电影，体现了多元兼容的"世界主义"精神。

1929年继踵《摩登》专刊而出现《摩登》月刊，由一批自称为"流浪的波希米亚人"的青年所创办，他们受环境压迫而深感苦闷与无聊，不甘消沉而组织了"摩登社"，致力于"新的艺术运动"，作过几次社会公演。所谓"波希米亚人"也是田汉的名号，他显然是"摩登社"的后台，月刊主要刊登他的剧本创作与南国社的戏剧公演的报道。这本月刊也没维持多久就停刊了。

最早被"摩登"感染的是上海的一班文艺青年，在1928年第6期《上海生活》中谷朴秀的《论"摩登风潮"》一义说："最近在亚洲各大都会，就中在上海最可注意的是'摩登风潮'的潮行，一般青年男女争先恐后的追求时流，这是什么缘故呢?

我断言'这是一个革命前夜的现象，就是反抗旧惯的反动的示威。'"《上海生活》创刊于 1926 年，参与编辑的是青年漫画家黄文农和鲁少飞，他们在杂志中倾注了对城市生活的热情和敏感。上面"革命前夜的现象"等语折射出北伐胜利之后青年的彷徨和躁动的情绪。这一期实际上是跳舞场专号，所谓"摩登风潮"指的是"一般青年男女受了摩登潮的洗礼，行了跳舞病"。

三十年代初"摩登"话语风起云涌，遍及南北各大城市。1931 年《时时周报》上《世界渐渐摩登化》一文道："整个世界都闹着了摩登的空气，人们口里呼摩登，事事也要追求摩登，有几分傻迷了在摩登的狂热里，要变作一个完全摩登化的人物，才算是满意。"首先表现在男女之间，自由恋爱，结婚礼仪简便，"结婚时一对恋人乘着汽车，喜酒改设在餐室礼堂，不畏羞的一对恋人对众致谢庆贺，侃侃而谈，没有从前坐大红花轿和闹新房种种麻烦的事"。在社交和商业上也讲究摩登，"还有时装的摩登，中不中西不西的言语摩登，恋爱艺术的摩登，出风头的摩登，娱乐的摩登，真个不胜枚举！这真是世界渐渐摩登化了"（第 2 卷第 41 期）。到 1933 年"摩登"风潮有增无已，《社会与民族》上金庸的《摩登新译》说："在这年头，在这中国，什么都要讲'摩登'，吃饭要'摩登'，讲话要'摩登'，走路要'摩登'，甚至恋爱要'摩登'，你再随便地睁眼去看，有

'摩登'西装店，'摩登'大菜馆，'摩登'跳舞场，或至'摩登'书店，'摩登月刊'之类，'摩登'二字，真有高若三十三层天似的。"（1993 年第 1 卷第 2 期）

除了《摩登》，另有《摩登月刊》《银幕与摩登》等刊物，而有些杂志虽不以"摩登"命名，但炒作劲头十足，话题莫过于摩登女子。这方面 1930 年 11 月创刊的《社会与教育》周刊中段成淑的《摩登女》一文提供了一个生产和制造"摩登女"的配方："摩登女的制造工场中，第一种主要课目是装饰与暴露。如头发的剪烫、眉毛的修拔，还有如两颊与唇的点染，最时髦美观而最动人。又如衣服的剪裁，胸部与两臂的袒露，腰小则臀大，高跟则袅娜多姿，须无一不表示其所谓肉感与风骚。自腰以下，两腿宜露，不要穿袜子，裤子则愈短愈好，这与胸部同样，要微微的隐现于有无之间：是暴露主义的秘密。第二种主要课目，是跳舞与交际，还有拥抱与接吻，也是这当中所必修的。"1931 年有前田河广一郎的《摩登女》："摩登女便是具备有下列三条件的人：一、外国趣味；二、某程度的生活保证；三、性的解放主义。"（第 16 期）对"摩登女"的定义更为简洁，大概是在日本流行的看法。《社会与教育》1932 年刊出胡一源《摩登男女与没落文化》："摩登女则大体是这样：——蓬松而卷曲的发，弯弯的眉毛，血红的口唇，一身长到脚跟的旗袍，充分表现着曲线的波动……总之，女子之所谓摩登者，不外肉体的暴露。"作者认为摩登男女跟《红楼梦》里的才子佳人没什么两样，"才子佳人代表封建文化的没落，摩登男女则表示资产阶级文化的穷途"。

我们知道，妇女的解放程度是衡量国家和社会的文明程度的标准，中国妇女解放的历程更为艰辛。以清末女子放足、上女学启其端，至二十世纪二三十年代由于新文化运动的传播以及国民政府制定新的婚姻法，妇女在职业、婚姻等方面获得一定自由权利的保障，这和妇女的不断抗争是分不开的。方兴未艾的"摩登"话语以摩登女子为主打，从都市文化的角度看，正如月份牌、百美图一样，美女形象成为日常文化消费的主流，所反映的不仅是时尚的变迁，对于城市或民族来说也是一种现代化进步的象征性标志。如 Francesca Dal Lago 对于二十世纪三十年代上海印刷媒介中"交腿"女性图像（图 106）的研究指出，作为男性欲望投射的对象，女性被认为在公众场合这么坐不雅，但从女性的主动角度看则代表了一种自信，意味着女性主体发展的"现代性"进程（"Crossed Legs in 1930's Shanghai：How Modern the Modern Woman？"，*East Asian History*，19，June，2000，pp. 112–113）。这一代表"现代女性"的交腿女郎与"摩登女"是相通的。

本来"时髦"已有时尚意识，而"摩登"则带有与传统相

图 106　"交腿坐"姿势，《今代妇女》，1930 年 4 月

对的"现代"和世界性"时代"意涵，比"新女性"更为激进和具体，上述"摩登女"具有"外国趣味"、"暴露主义"和"性的解放主义"等特征，在外观上袒胸凸臀，更为西化，身体更为自然健美，以美艳装扮而显得肉感风骚，在男女交往上更为开放自由，更具自主性。对于"摩登女"的看法千奇百怪，可谓众声喧哗。

1932 年好莱坞影片《大饭店》（*Grand Hotel*）在上海公映，《电声日报》刊登剧照（图 107），解说道："一个摩登化的女性，穿了摩登的服装，立在摩登化的背景下，是怎样的一幕动人的

图107　琼·克劳馥在《大饭店》中,《电声日报》, 1932 年 7 月 24 日

景象。画中是琼·克劳馥, 穿了她的最时髦的服装, 站在《大饭店》的门口。"《大饭店》获奥斯卡最佳影片奖, 其实主演的女明星是大名鼎鼎的葛丽泰·嘉宝 (Greta Garbo), 但《电声日报》选用配角琼·克劳馥 (Joan Crawford) 在大饭店门口的图景, 显然是因为背景、服装和神态构成"一幕动人的景象", 更能体现"摩登化"即"现代化"的观念。可注意的是同时仍使用"时髦"一词。有时候"时髦"和"摩登"之间的界线是模糊的, 如前面鲁少飞的漫画《上海之时髦女子》中就有交腿而坐的女子。

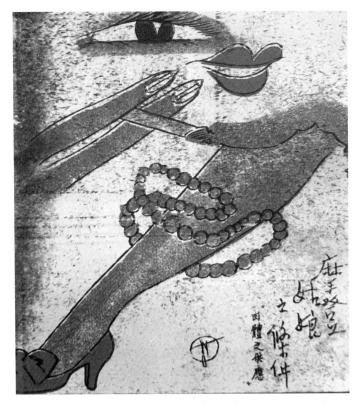

图 108　黄文农，摩登姑娘之条件——肉体之供应，《上海漫画》，1930

黄文农的《摩登姑娘之条件——肉体之供应》（图 108）刊登在 1930 年《上海漫画》上，其实与前面 1924 年胡亚光的《时髦妇女之心理》同样具讽刺意味。"摩登女"与"时髦妇女"一脉相承，而不包括洋房、汽车、金刚钻和大拉司，要求简单得多。这似乎意味着生活态度的变化，即首先满足当下感官的需求，而不作终生归宿的考虑。画风从写实到抽象，对待现实生活换了一种思维，也是美术上"摩登化"的体现。

图 109　今夏欧美流行最摩登浴衣之种种，《北京画报》，1931 年 6 月

前文提及过穿游泳衣的"时髦"好莱坞女星，《北京画报》这张图（图 109）如法炮制，只是以"欧美"为"摩登"似更顺理成章。

《天津商报画刊》（图 110）翻旧账，把摩登女子比作四十年前的时髦妓女。实际上，把摩登女子看作妓女的大有人在，如1932 年《摄影画报》上就有《摩登女子与娼妓》的文章，认为"一切的摩登女子都甘心做那有钱阶级的发泄器了"。

图 110　四十年前天津卫之摩登女子,《天津商报画刊》, 1931 年

图 111　比机器更发达的造纸工业，《漫画界》，1936 年第 3 期

　　1936 年《漫画界》里汲古阁主的《摩登复古》表示："做现代人而不知古色古香，即为十足的数典忘祖者无疑，做老实人而不知日新月异，亦为道地的土头土脑者无疑，故不喜戴'洋盘'之高帽而又不愿踏'寿头'之覆辙者，必得另觅一宁缺毋滥之途径。"作者不一味摩登，具某种反向思维，"摩登"话语也因此包罗万象。其实以"复古"翻新花样也是至今时尚界惯用的伎俩。除了这张《比机器更发达的造纸工业》图（图 111），还有《比交换知识更进步的茶会》《比跑车更时髦的鸡公车》

《比游艇更舒适的浮桶》《比毒瓦斯更厉害的大刀》等图，好像真的要回到过去，想想也滑稽。

对"摩登女"一面是妖魔化，一面是热情的礼赞。1930年《时代青年》上若荷的《论摩登女郎》说："摩登是一种新时代征兆的表现，站在时代的前驱，行使着领导的权能；不仅属于外表的典型，尤注重于内在的实质，是科学的，是艺术的！……摩登是赋有创造性的……所谓摩登女郎也者，是高尚的、艳丽的，然而也是清雅的。"在一片讨伐声中，林语堂也看不下去，1935年在他主编的《论语》杂志发表《摩登女子辩》，针对摩登女子的三大罪状——淫荡无耻、打扮妖媚和虚荣薄幸，他认为这是从前红颜祸水的偏见的翻版。从社会经济的角度看，女子精心打扮是很自然的，如果不是这样，男子便不会看她一眼，因此"女子之烫发高跟便是含着对男子最刻薄的批评，而这批评常常是对的"。或以"挖金姑娘"嫁给富商大贾为例，其实是一个愿打一个愿挨，是无可厚非的。

《玲珑》是一本女性杂志，创刊于1931年，止于1937年，照张爱玲的说法，在三十年代女学生人手一册，可见其流行程度。《玲珑》以"增进妇女优美生活，提倡社会高尚娱乐"为宗旨，刊登胡蝶、阮玲玉、周璇等人的照片，凡有关时装美容、室内装饰乃至爱情、性、婚姻与家庭的内容，皆以女性"摩登化"为目标。这张"摩登餐室之布置"（图112）是许多"摩登"家庭居室的图像之一，那是西式的、简洁利落的风格。

图112　摩登餐室之布置，《玲珑》，1931

同类性质的另有《妇人画报》（图113），漫画家郭建英开设"摩登生活学讲座"，系列话题包括恋爱、夫妇、会话、书札、育儿和婚丧礼仪等。如关于"恋爱"分男女两部分，对男子而言："切勿询问女人的芳龄。""在她之前，不可赞美其他女子。""不要把牛排或炒面拼个命塞进你的肚里。"对女子而言："讲话切忌太显明。美点常发现于迷暗之中，暧昧能美化女性呢。""不可忘却羞怯的魅力。""你的性格须于温柔中带刚毅，刚毅中带温柔。""同他在一块儿的时候，切勿付任何的钱。要知男子们的阔绰，仅限于眼前未婚的时候而已。""接吻时，切勿张着眼睛，同阳光下开映电影，有什么分别呢？"诸如此类。这些箴言反映了当时男女社交的规范与习惯。

图 113　郭建英，摩登生活学讲座·育儿，《妇人画报》，1933

"摩登"推进了都市文化的现代化进程，涉及女性解放、两性关系、家庭、都市景观等，可说是全方位的，如《柯达杂志》旨在推广摄影技术与艺术，以"摩登派 Modernism"为题介绍"艺术摄影的新倾向"。对徐步墀的《曲与直》（图114）解说道："因主体身的摩登，再加之取景时精心斟酌，主要线条的分配，用摩登的眼光拍摩登的景物，自然得到摩登的作品。"（1936 年第 7 卷第 6 期）

图 114　徐步墀，曲与直，《柯达杂志》，1936

"Modern girl"也被译成"摩登狗儿"，有人说这来源于日本，在东京街头可看到这类"断发洋装，穿着妖艳"的"不良少女"（鹤君《摩登狗儿》，《真美善》，1930 年第 5 卷第 3 期）。

徐霞村的题为"Modern girl"的小说刊登在前一年的《新文艺》杂志上。小说里的"我"在外滩附近一家日本舞场遇见日本姑娘信子，她大约是一个"不良少女"，原来是东京某校的高中生，会作诗，爱读法朗士，因为剪发问题和学监吵架而离开学校，在咖啡店里谋生。由于感情纠纷遭到嫉妒男友的骚扰，于是来到上海，做了舞女，仍是我行我素，自由谈朋友，性之所至，尽管离散失所，仍一副无所谓的做派。

图 115　林声浩，摩登姑娘，《万影》，1936

在同类漫画中，林声浩的《摩登姑娘》（图 115）较为出格。题词："古人有闻鸡鸣起舞，今有摩登姑娘闻猫声而起舞。亦时代之进化也。"成语"闻鸡起舞"是用来比喻豪情壮志的，基本上指男子，但安在这个女子身上，走了调。窗外一对猫儿和女子的姿态，不无情色暗示，似是"不良少女"，但说是"进化"，调侃中别有一种有趣意涵。和下一张《摩登小姐的晨课》（图116）比照，似乎中外共情，也就见怪不怪了。

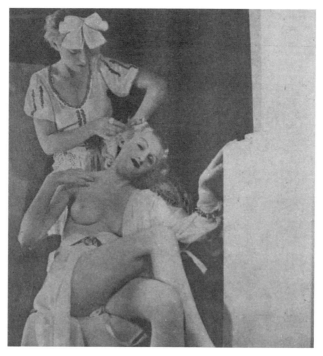

图 116　摩登小姐的晨课，《现代美》，1937

另有查士骥的《日本摩登女考》，讲日本摩登女的历史较深入，对于理解三四十年代上海的"摩登女"不无启发。作者根据新感觉派作家片冈铁兵的《摩登女考》，指出"摩登"这一形容词与其说是"近代"，毋宁说是"现代"的意味比较强。在日本，女子一向受社会和文化严重压抑，"摩登女一流行语，元来似乎是指欧战后都会上各大商店及事务所里的几个职业妇人而取的名字。因她们得了若干经济的独立，常以一副似是得到了若干自由的气概来阔步于街道之上，比其他的女子行动更是大胆"。随着这类女性越来越多，"摩登女"这一特殊称谓便流行开来了。她们不循规蹈矩，向往自由的生活，健康而懂得美容打扮，精通色彩香味。性格上爽直明快，喜欢做自己喜欢的事，甚至物质至上，追求刺激，"感觉一快活，官能就美丽地舞了起来后，便满足了。所以她们底心，是很易被感觉底诱惑所引动的"。另一方面自然主义文学的兴起，反对因袭道德，对人性有一种新的认识，描写和承认妇女的欲望追求，促进了女性自觉。作者认为摩登女是科学的产物，与机械、技术的发展保持同步，因此"未来的女性，才是支配世界的人"（《日本》，1930年第1卷第4期）。

"职业女性"的浦坍是造成"摩登女"现象的关键因素，在中国又怎样？这不由得要提到鲁迅于1923年所作《娜拉走后怎样》的著名演讲，因为经济上不能自立，娜拉出走了之后，"有时却也免不掉堕落或回来"。结论有点悲观，可能符合北方的情况，但在上海，从媒体上看，如1925年创刊的《上海画报》，到1931年约775期，每期第一版刊登女性照片，从名媛淑女、电影明星、歌星、妓女、舞女到艺术、教育、医务、体育等各界妇女，基本上是职业女性。其他杂志如始于1926年的《良友》或始于1928年的《上海漫画》，都是如此，这期间渐渐地妓女被舞女替代。

在"时髦"图中有两张女子牵狗的漫画，表达了女尊男卑的意涵。下图这幅题为"摩登女子的后头"（图117），女子一身

图117　摩登女子的后头，《中国摄影学会画报》，1930

泳装，体态健美，目光朝前朝上，更富时代朝气；绅士模样的男子跟在后面，替她拿着毛巾，提供后勤服务。女子牵着一只狗，在"摩登狗儿"的语境里不无反讽。

图 118 陈少翔，摩登化的丈夫，《玲珑》，1932，第 2 卷第 73 期

上图这幅《摩登化的丈夫》（图 118），不消说跷着二郎腿的当然是摩登女，男的一副可怜兮兮的样子，从中国传统看，男女角色如此倒置，简直不可想象。像这样的题材不在少数，且基本上出自男子手笔，如胡考这一幅，题为"摩登女子的谈话常以玩弄男子为资料"（图 119），在于表现摩登女子的可怕？可是在女性看来会怎样？作为流行话题，为大众喜闻乐见，有一定的社会基础，而且对文化消费来说，女性阅读是不能忽视的。

图 119 胡考，摩登女子的谈话常以玩弄男子为资料，《婚姻报》，1931 年第 45 期

什么是"摩登"？不就是"现代"？我们知道自十九世纪工业革命以来世界进入了"现代"，这是历史分期概念，较为抽象。但是"摩登"落脚在上海，却激发了都市的现代想象。1931 年刘未佳在《快！》一文中写道："快字，是摩登社会最欢迎的，譬如坐上汽车兜风，愈快愈好，乘着火车旅行，也愈快愈好，看赛狗，当然以最快的为第一，赛马也不在例外，在这许多快的意义范围之外，或者人类不能在这摩登社会当中找出第二种事物比这更有趣味的了？"（《社会与教育》，第 18 期）用速度来形容"摩登社会"的独特性，且是独一无二的，乃基于现代人的体验，如火车、汽车、跑马、赛马等都是都市日常

所见的东西。章克标在 1932 年的《摩登》一文中把这一点说得更为明确："现代又是一个高速度的时代，飞机、汽车、电话、电报缩短了空间，延长了时间。一切物事的变，变得非常之快，摩登也就不能安闲了。高速度才是摩登的。"（《时代》，第 2 卷第 7 期）这种"摩登"时空观，照德国社会学家齐美尔（Georg Simmel）的观点，是一种都市的"心理机制"。他在《大都会与精神生活》一文中说，一切社会生活的速率、刺眼的断裂与街道的汹涌景观构成了大都会所创造的心理机制 [*The Sociology of Georg Simmel*. New York：Free Press，1950，p. 410]。

从更为广阔的全球视野来看，这种"速度"与"流通"相关。本·辛格在《早期惊耸电影及其境遇》一书中说："当人们与各种事物通过媒介、贸易、旅游、移民与其他社会交集的形式在文化之中或跨文化地进行传播，现代流动和循环前所未有地引发他们的发散、穿透与交杂的形态。与以往相对封闭、同一与连续的传统社会相比，现代性是以社会主体与客体的流通与混沌的交杂作为其标志的。"（Ben Singer，*Melodrama and Modernity*：*Early Sensational Cinema and Its Context*. New York：Columbia University Press，2001，pp. 26–27）用这个观点来看二十年代的"摩登"现代性是非常合适的。无独有偶，二十一世纪初，"摩登女"引起塔尼·白露（Tani E. Barlow）、坂元弘子等学者的兴趣，分别在

北美和日本发表了《世界各国的摩登女郎》（Tani E. Barlow，et al.，"The Modern Girl around the World: A Research Agenda and Preliminary Findings"，*Gender and History*，Vol. 17，No. 2，August 2005）和《摩登女郎与现代殖民主义》（伊藤るり、坂元ひろ子、塔尼·白露主编，《モダンガールと植民地的近代——东アジアにおける帝国·资本·ジェンダー》，东京：岩波书店，2010）。

她们以二十世纪二十年代流行于上海、巴黎、东京、纽约、柏林等世界都会的"摩登女郎"为对象，以女性视点探讨了帝国、殖民性、意识形态与性别等议题，正是以资本、讯息与媒介的跨民族跨文化流通作为其基本理论与方法。她们指出绝大多数的摩登女郎的视觉建构既表现出作为生产者的男性欲望与偏见，也不乏颠覆性别权力关系的内容。

田汉的《摩登》专刊是个关键节点，其后文艺期刊如刘呐鸥、戴望舒、施蛰存等人的《无轨列车》和《新文艺》，邵洵美、章克标的《金屋月刊》，叶灵凤、潘汉年的《现代小说》，黄文农、鲁少飞等人的《上海漫画》等一时蓬勃而起，此时正当新文学运动告一段落，文学中心从北京转移到上海，他们都二十来岁，思想与作风和"五四"大异其趣，不热衷口号，不学院气，而互通声气，注重实践，致力于现代主义，如"摩登"本身的语言交杂，如波希米亚流浪者穿梭神游于巴黎、纽约、东京乃至维也纳等都会，具有海派特色的跨文化"世界主义"。

章克标的现代主义先驱作用至今被低估。1925年他在《东方杂志》上介绍《德国的表现主义剧》一文，就传达了欧洲反印象派与写实主义的先锋潮流，可谓得风气之先。他与唯美主义、新感觉派等都有交集，在《摩登》中表明"我是绝对赞美一切摩登的"，摩登就是崇仰一切新的东西，是反抗因循传统的，维新的、革命的、前进的，"英语的 Modern 为近代现代之义，音译之为摩登。摩登者富有十足的现代精神之谓，即是一个崭新的现代人也。摩登伽即 Modern girl，时髦女子也，必是烫其发，革其履，丝其袜，旗袍其身，胭脂其唇，白粉其面，为一个追逐流行的女子。而且不但在物质上如此，她的思想倾向，也走在最前线的，故时代思潮而有变动，则此项女子亦必随之而变化，否则即为落伍矣"。他把"摩登伽"看作"现代精神"的体现，是崭新向前向上的，不是旧式的"放逸、胡调、出风头、抖乱"。

"人们是坐在速度的上面的。"刘呐鸥的《风景》以此句开头，一对男女在火车里的艳遇，女的是红杏出墙，带着男的在车站近旁的小丘上成其好事，出色演绎了都市生活"过渡、瞬息、随机"的特征。两人不顾世俗规训，摆脱了喧嚣与机械世界的拘束而回归自然，体验感官的满足。从外貌到行为方式，这女主是一个典型的摩登女。论者认为刘呐鸥小说里这类女子被当作商品符号来描写，其实不然，从女的主动和男的被动来看，含有对传统性别关系的明显颠覆。的确，新感觉派小说抛弃了写实主义的成规，而表现被"速度"形塑的都市人的感情结构。或用章克标的话说："摩登是表面的，肉体的而非内面的，心灵的，我们就安于表面的肉体的好了，表面才是万众所共见的，肉体才是主宰一切的，希腊的古美术，不全部是肉体的吗？肉体是不能轻忽的，惟其重心灵轻肉体才形成了中世纪的黑暗时代，摩登是该重肉体的，表面是最重要的，有了好的外表，即使没有内容也无大碍，像一个女郎只使美貌美服便好了，别的难道还会成问题！倘使对于这句话要提出抗议，请睁眼看社会上的事实。"这段话有助于理解刘呐鸥等人的某些创作理念和方法。

茅盾在 1927—1928 年发表的《蚀》三部曲中，慧女士、孙舞阳、章秋柳等在体态健美、妖媚动人、大胆自主方面与"摩登女"同一机轴，茅盾名之为"时代女性"，描写她们受到"大革命"的洗礼而代表"革命"的时代精神。在写作手法上茅盾放弃了他素来信奉的左拉式"自然主义"而转向托尔斯泰式"写实主义"，即将她们置身于一种代表历史进化的时间装置中，而成为"革命"的乌托邦寓言。由是突破了照相写实主义而创造了典型性写实主义的范式，在后来的《子夜》中得到进一步发展。有趣的是，尤其是第三部《追求》受到左翼作家的批评，

图 120　张振宇，征服，《上海漫画》，1929

茅盾承认暴露了他的"颓废"情绪而作了深刻检讨。其实章秋柳是很勇猛的："理想的社会，理想的人生，甚至理想的恋爱，都是骗人自骗的勾当；人生但求快意而已。我是决心要过任性享乐刺激的生活！我是像有魔鬼赶着似的，尽力追求刹那间的狂欢。……女子最快意的事，莫过于引诱一个骄傲的男子匍匐在你脚下，然后下死劲把他踢开去。"这实在是"摩登女"的标本，在小说开头她与朋友们大谈跳舞经，其中王仲昭是报纸记者，写了《上海舞场印象记》，报道舞场风起云涌的盛况，把能跳最时兴的"卡尔斯顿"舞的章秋柳作为楷模，认为青年人追求刺激，却不如德意志民族迸发出"表现主义那样的火花"，只有像古罗马人的颓废和失望（《小说月报》，1928 年第 6 号）。

表现女对男的征服或男对女的崇拜，是当时小说和漫画的

图 121　鲁少飞，摩登先生不敌摩登姑娘一举足，《上海漫画》，1930

时髦话题，比张振宇的《征服》（图 120）更为干脆的是鲁少飞的《摩登先生不敌摩登姑娘一举足》（图 121），更符合章秋柳的"下死劲把他踢开去"。

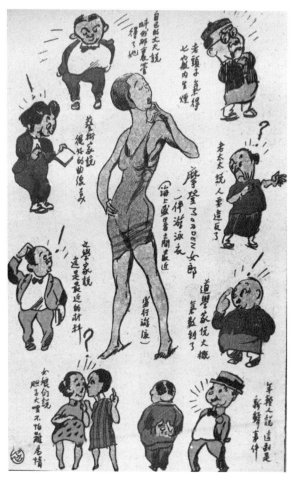

图 122　鲁少飞，摩登 Modern 女郎，《上海漫画》，1929

鲁少飞的这幅《摩登 Modern 女郎》（图 122）中，摩登女郎穿着游泳衣，周围八种人观感不同：丈夫说叫我哪里管得了她；老头子气得七窍内生烟；老太太说人要造反了；道学家说大概气数到了；艺术家说很好的曲线美；文学家说这是最近的材料；年轻人说这倒是新鲜事件；女娘们说胆子大哩不怕难为情。

王仲昭《上海舞场印象记》的内容在小说里没说，同在1928 年鲁少飞在《上海生活》刊发的《两年来我对于跳舞场的回忆》对上海各舞厅及自己如何学跳舞的过程记叙颇详，一开头便宣称："我崇拜'美酒'、'妇人'与'歌唱'的思想，我不知尚在何时而起？大概必在我生六七年前。我这六七年来，自问一生，完全受着这种暗势力的影响，情调总是热烈的，意志总是坚强的，与社会所接触的，一切都奋斗过，我虽然撞了许多困难，我依旧不觉得有灰心恐怖，我的精神，常能得人生中的安慰，我始终愿永远地崇拜，我还愿意散布了这种热烈的情火，使我们的勇士，都各执着一支，照耀了大地！"这幅自我画像像一个新感觉派的摩登青年，而他为《两年来我对于跳舞场的回忆》一文的配图（图 123），如一个摩登女的崇拜者。他也把跳舞和民族精神相联系，"我们愿意我们的民族优秀强健起来，我们对于我们可以增加力量的跳舞术，当然不能加以怀疑"。这比茅盾还要来得积极高昂。

图 123　鲁少飞，两年来我对于跳舞的回忆，《上海生活》，1928

　　大革命前后的上海颇似德国魏玛共和国时期，德剧《巴比伦柏林》（*Babylon Berlin*）中夜总会的跳舞场面，如一个充斥着狂热、肉感、亢奋、暴力与阴谋的社会窗口。在鲁少飞的笔下当然不那么极端，但无论是田汉的南国剧社还是黎明晖的中华歌舞学校，皆如痴如醉地卷入跳舞风潮，文艺界名流蜂拥而至，如江小鹣、欧阳予倩、程步高、卜万苍、任矜苹、怃耐梅、宣景琳，还提到了名妓富春楼老六。舞女们则来自日本、英国、法国和俄国等，鲁少飞的叙事夹杂着洋文，如新感觉派小说所描写的，一个声色香味的感觉世界，体现了摩登都市文化的流动与交杂的风格特征。

"速度"给上海摩登带来了新的节奏和韵律，一个重要标志是与二十世纪现代主义缩短了距离，如德国表现主义、超现实主义、抽象主义、马拉美、乔伊斯、毕加索、布洛克、显尼兹勒等纷至沓来——这也是与实证和功利倾向的"五四"新文化的断裂之处。富于先锋开拓精神的是，1928年创刊的《上海漫

图124　张光宇，立体的上海生活，《上海漫画》第1期，1928

画》聚集了张光宇、张振宇、黄文农、鲁少飞等青年画家。第一期由张光宇的《立体的上海生活》（图124）打头，所谓"立体"不那么变形，但与汽车、烟囱、高楼、齿轮和机械所构成的背景浑然一体，具一种抽象画风，小孩手中的橙子与机械化的上海生活形成对比，点出某种批判性。正如创刊号上《小瘪三万岁！》和《革命尚未成功的妙解？》这两篇微短文取一种代表社会底层的边缘立场，释放出嬉皮滑舌而不无抗争的杂音。

图125　梁白波,《风娴小姐别传》插图,《时代》, 1935

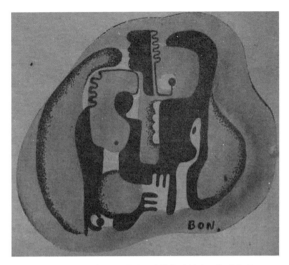

图 126　梁白波，《风嫱小姐别传》插图，《时代》，1935

梁白波是三十年代著名的女漫画家，以《蜜蜂小姐》为代表作，兼长写实与抽象，这两幅是为陈了平的短篇《风嫱小姐别传》所作的插图（图 125 和图 126），有毕加索风，而对黑白灰三色之间辩证关系的处理非常巧妙，比"以白当黑"的美学套式更有所突破。

以"摩登"为题的诗词歌赋各体皆全，凡是"摩登"的从小姐、太太、女郎、老爷、公子乃至阿 Q 应有尽有，署名为摩登伽侍者、摩登博士、摩登痞子、摩登老祖、摩登新僧、摩登相士等，也奇出怪样，披着"现代"的外衣，比"时髦"另有一番堂而皇之的滑稽，反正都市文化海纳百川，鱼龙混杂不足为怪。漫画另有一种中外混杂的品种。1940年《滑稽世界》连载《摩登姑娘》画的是外国女孩子的滑稽经历，图中对白是中文。更有趣的是1936年《滑稽画报》的《摩登小姐》（图127）系列，干脆把外国漫画搬过来，把英文对白译成中文，呈现一种双语形式。

图127　Fritzi Ritz，摩登小姐，《滑稽画报》，1936

长篇小说有《摩登春秋》、章回体《摩登济公》和《摩登女性》，话剧有《摩登夫人》，电影有卜万苍的《三个摩登女性》、卓别林的《摩登时代》、吴永刚的《摩登地狱》、刘别谦的《摩登天堂》（Heaven Can Wait）、粤语片《摩登新娘》《摩登女招夫》

和屠光启的《摩登女性》等。

图 128　英国 Strube，摩登时代——令人惊恐的混乱，《时事类编》，1936

　　1936 年卓别林的《摩登时代》来华献映，轰动一时。片中卓别林所演的工人经历了由资本与机械主宰的时代，反映了大萧条时期的普遍恐惧与苦闷。大量剧照传播于各种媒介，《时事类编》则刊登了英国 Strube 的漫画，题为"摩登时代——令人惊恐的混乱"（图 128），图中是影片中卓别林在齿轮间的经典镜头，画家做了改动，把左边的齿轮改成坦克，右边齿尖变成金融寡头，凸显了陷入第二次世界大战的混乱世界，图中中文可能是另加的，在中国境遇里另有一种跨文化的意味。

图 129 《三个摩登女性》剧照，张榆（金焰饰）、虞玉（黎灼灼饰），1933

图 130 《三个摩登女性》剧照，周淑贞（阮玲玉饰）在医院，1933

1933年卜万苍导演的《三个摩登女性》（图129，图130）被誉为一部伟大的影片。编剧是田汉，五年前他打出"摩登"的旗号，这部影片中"摩登"犹如一面多棱镜，实际上她们都围绕着男明星张榆，可说是一个摩登男明星的四角恋爱。富婆虞玉诱使张榆流连于声色犬马。陈若英是张榆的铁粉，与他一起拍片时假戏真做，殉情而死。周淑贞是张榆的原配，被弃后努力向上，"一·二八"事变之后投身于抗战，在医院做看护，张榆因受伤而遇见淑贞，遂有所感悟。影片塑造了三种"摩登"女性及各自的命运选择，其实对摩登男明星也起警示作用。

图131　《摩登女性》剧照，云珍（欧阳沙菲饰），1945

　　1945年屠光启导演的《摩登女性》（图131）中，云珍和美英是大学同窗，也代表两种"摩登"类型与人生选择。云珍主张女性自主，与志华结婚后有了小孩，仍积极从事公共活动，遭丈夫反对时怒斥之："原来你把女人当作奴隶一样，我们中国几千年来，女人就把一生的幸福丧失在男子主外女子主内这句话上，不过，你别忘了，这是从前，现在我们女人决不上当了，我们要争取男女平等。"遂与志华离婚。美英则主张家庭的重要性，劝云珍应当把家庭放在首位。后来云珍在中秋节见女佣家庭团聚而生孤寂之感，遂幡然悔悟而与丈夫和好如初。

我们一向把现代中国妇女的解放归功于五四新文化运动，这没错。但从都市文化的角度看，家庭是社会的基本单位，而大众对"核心家庭"的追求是其生活和劳作的基本动力，这方面在鸳鸯蝴蝶派文学里得到较多的表现，迄今对此美英还充分关注。这部影片显然站在美英一边，强调家庭价值，而对妇女解放的激进态度不表同情，某种意义上反映了都市文化的主流价值。

独轮车

独轮车是古代的一种基本交通工具，据说发明于战国时代，见诸宋代张择端的《清明上河图》。独轮车是最先进入近代上海的车种（图 132），其后东洋车（即人力车、黄包车）、马车、电车、汽车等接踵而至，构成都市的必要元件，或者可以说是独轮车把上海推进了近代。

独轮车也称"手推车""羊角车""鸡公车"等，而近代上海文献普遍称之为"小车"。

葛元煦的《沪游杂记》中"小车"条曰："小车独轮在中，两木在后，一人推之，通行已六七载。坐人运货轻便特甚，价更廉于东洋车。"（上海古籍出版社，1989，卷一，页17）《沪游杂记》成书于1876年，所谓"通行已六七载"，小车进入应当在1870年左右。1883年成书的黄式权《淞南梦影录》中说："上海之有车，始于同治初年，初惟江北人推独轮小车，沿途

图 132　一家老小到上海，《中国的租界》，2004

揽载货物，兼可坐人。嗣于辛未、壬申间，有英人某购东洋车数十乘，在租界中载客往来，而几倍车遂无人肯坐矣。"（上海古籍出版社，1989，页113。）"同治"起始于1862年，这与葛元煦的说法相符。东洋车流行之后，独轮车受到影响，其实仍然载人，特别是经济底端阶层——缫丝女工的最爱，另外仍然载货，劳动力便宜之故。

1909年的《图画日报》把小车列为三百六十行之一，似最辛苦的行业。图133题词曰："江北小车真难推，一碰就要翻转来。跌痛坐客要发火，碰坏货物真倒煤。湖丝阿姐好大

營業寫真（二十）

小車夫（碩）

明日續全資洋圖

工北小車真難推，一碗
就要翻轉來，跌痛坐客真容
要緊火磁壞貨物真
煤湖絲阿姆，好大胆朝
出暮驀同一把，小車哦一
車坐了許多人，小車哦一
怕元寶，謝多人大家不

图 133　小车夫，《图画日报》，1909

胆，朝出暮归同把小车喊。一车坐了许多人，大家不怕元宝翻。"有把独轮车称作"江北车"的，因车夫来自长江以北地区，形成一特殊"小车夫"群体。在上海，"江北人"被瞧不起，因江北地区经济和文化资本比不上其他省份，这是一种偏见。"湖丝阿姐"与小车结盟，在光鲜亮丽的都会景观底下，如河床淤泥般的存在。

小车载纱厂女工，在1933年孙瑜导演的《天明》（图134）中仍可见到。菱菱从渔村来到上海，成为纱厂女工，和其他女工乘独轮车去上班。

图134　纱厂女工乘独轮车去上工，《天明》，1933

图 135　小车夫劳动之可怜，《图画日报》，1909

《图画日报》另一图（图 135）表现了"小车夫劳动之可怜"："沪上各行店之货物，各住家之器具，凡属笨重非常者，均以小车载之。其费力较之他项车子为甚，而得赏则独少。故凡充小车夫者，终日惴汗奔驰，仅足以谋一饱，室家之养，殊未遑也。且冬季之寒风，夏天之烈日，侵肌砭骨，疾病堪虞，其情形有至可怜悯者。"

这段描写饱含深刻的同情。但作者尚觉不足，更作《上自由神禀》一文，意谓自从欧化东渐，学界提倡自由平等，且作为"立宪国民，宜乎人世间之富丽纷华，不难沾同等之利益"，而事实上如小车夫们为生存而痛苦挣扎，另一面权贵势利者则安享富贵，由是恳请自由神能主持公正，施人间以公道。可惜这种"不平之鸣"至多是文人牢骚，难以起到实际作用。

图 136　吴友如，龙华进香，《飞影阁画册》，1891

　　1884 年吴友如的《申江胜景图》中有"龙华进香"图（图 136），妇女分别乘独轮车和东洋车，络绎于去龙华进香道上。在 1891 年吴友如的《飞影阁画册》中有同题之图，是两辆独轮车。左边一辆坐着一个少妇，车的另一边是她的婢女，背负一个男孩。这画册的总标题是"时装士女"，相当于时装秀，婢女穿背心，体现了当时服饰表现出的主婢身份。

Carretta a Vento

图137　中国贩夫，《老北京西洋铜版画典藏》，2008

在前现代中国，独轮车是很重要的运货工具，而且形制多样。图137是十八世纪意大利画师绘制的，在北京的中国贩夫推着满载蔬果的独轮车，车夫却像个西洋人，这片风帆富于诗意，虽破漏，仍给小车不少借力（秦风编《老北京西洋铜版画典藏》，广西师范大学出版社，2008）。

图 138　传教士和助手乘独轮车在乡间，《中国的租界》，2004

在一些十九世纪中国影像中，独轮车有其独特的魅力，如一个小脚老太和她的媳妇乘小车去市集，被制成一张彩色明信片，作为传统中国风情的展示，含有西洋人审视东方的猎奇眼光。而图 138 这张照片，传教士和他的助手在乡间传教，却提供了一种可贵的历史见证。

是这小推车最早迎向近代的曙光，在乡村与乡村间传递文明的信息，伴随着宁静的失落、冲突与骚动。是这小推车，在乡村与城市之间架起最初的桥梁，轮子与双脚的桥梁，用泥巴和汗水接通城市的血脉。

图139　上海街头的摊贩，《晚清华洋录》，2004

在多米尼克·士凤·李著译的《晚清华洋录》（上海人民出版社，2004）一书里，图139这张照片是作者的藏品，大约是1865年在上海街头所摄，这种"平板"独轮车在北京也很常见。

图140拍摄的地点百老汇路即今大名路，在虹口区，苏州河边。据统计，1874年小车主向英美租界捐赠二千多辆，1899年向公共租界捐赠四千五百余辆，1907年达七千二百余辆。

图140　上海百老汇路虹口港，多独轮车与小船，《中国的租界》，2004

　　也有为小车拍花框镶边的艺术照，如1915年《余兴》杂志里落花藩溷的《车上八美吟》，写八种车，即脚踏车、东洋车、汽车、手车、马车、轿车、电车和火车，其中手车即独轮车。诗曰："伸脚曲趺意两全，最宜有女蕙同兰。一轮明月晶盘转，疑是嫦娥下广寒。"不能说诗人没心肝，但的确他不关心小车夫，正如诗题所示，在观赏乘车的美人。"最宜有女蕙同兰"中的"蕙"与"兰"指香草，"有女"暗用了《诗经》中《有女同车》诗，意谓正好乘坐的是　对兰蕙般的美女。吴友如的《飞影阁画册》就有《有女同车》图（图141），也是两个女子，虽然画的是四轮马车。

图 141　吴友如，有女同车，《飞影阁画册》，1891

　　上文诗中把独轮车比作"一轮明月"，于是"疑是嫦娥下广寒"。这属于一种文人的 fantasy（狂想），其实"一轮明月"倒是对独轮车的美称。本书前面"时髦"部分谈到漫画前辈丁悚先生，他的《四十年艺坛回忆录》最近出版，其中《初次履沪观感》一节写到他在十二岁时，即 1903 年，从乡下到上海，说那时有三种交通工具，一种是马车，一种是东洋车，一种是一轮明月，就是至今还在专装货物的小车，从前这是平民化的交通工具，在上海城墙未拆时，沿城河浜和城内城脚下一带往来的独多一轮明月，因为这两个地方的道路实在太狭隘，东洋车不便行驶，马车更不能通过，所以只有让它专利了。这回忆涉及上海的历史，原来开埠之后，租界与现今南市一带的老城厢形成中西分界，丁悚至上海的时候，租界已建成四通八达的马路，老城厢里则道路狭窄，东洋车和马车都不能通过。他在老城厢某个当铺做学徒，有时去租界玩，回到城里，"返家时则进老北门，出小南门，是沿城河走的，坐的只有小车子，因路狭，半个车身已离岸，我们的座位下面，就悬临护城河上，我素胆怯，恐一不小心，有跌下去之虑，虽不灭顶，也尽够你受用了，因是视坐小车为畏途，有时宁愿舍车步行"（上海书店出版社，2022，页380）。丁悚写回忆录是在四十年代中，小车伴随着他的初至上海的回忆，当然珍贵，"一轮明月"是个熟语，用在这里真的发出光来，照亮了他的少年往事。

前面"摩登"部分讲到1936年《漫画界》杂志刊登汲古阁主的《摩登复古》，认为崇拜摩登不应该数典忘祖，所使用的"比交换知识更进步的茶会""比游艇更舒适的浮桶"等图片有点迂腐好笑，不过这张"比跑车更时髦的鸡公车"图（图142）挺有趣，姑娘的前刘海貌似前清的青楼样式，而低领短袖与皮鞋都是现代款式，在正午的阳光下在独轮车上摆拍，真有点时尚复古的做派。

图 142　比跑车更时髦的鸡公车,《漫画界》, 1936 年第 3 期

　　有关现代交通的文学作品有很多。写电车的如张爱玲的《封锁》、朱自清的《白种人——上帝的骄子!》,写人力车的如鲁迅的《一件小事》、老舍的《骆驼祥子》,都是经典名作,但写独轮车的少之又少。我读得少,只见过两篇,谈不上十分出色,却觉得弥足珍贵。

　　一篇是周浩泉的《小势力下的一个小车夫》,刊登在 1924 年《最小》中,杂志主编张枕绿,算是一份鸳鸯蝴蝶派的刊物。故事以"小子"为叙事者讲述他想从小南门到小东门去,等电车没等到,一个老头过来,在他的哀求下坐上小车,小车半路撞倒了一个小菜摊，车夫遭到警察的棍打。后来"小子"在纳凉，见一个江北小孩乞讨，其父即车夫，被警察打伤在家养病。小说愤慨地结束："可怜的小车夫！可怕的小势力！小势力下的小车夫！哎！"

故事发生在老城厢的非现代场景中。电车迟迟不来，听说在小西门撞死了小孩，给故事营造了不祥气氛。车夫是江北人，推车是祖业，怕汽车电车，抄小路引"小子"不满。对话中知道他的两个儿子去广东参军，家里有老妻和十四岁的小儿子，穷得揭不开锅。小说揭示直接给车夫带来厄运的是警察，对老百姓来说更可怕的是这种"小势力"。一篇一千五百字不到的微型小说，写实颇多细节，结构前后照应，让人产生共情。

另一篇是滕固的《独轮车的遭遇》，1928年作品，写小车夫阿四的厄运。他总去离家二十多里的火车站接客，自从通了汽车，失去了客源，"家里大大小小的几个人口都要靠他的推车来活命的"，因此愤愤不平。连他的熟客P先生也坐汽车了，他就拼命追，追了二里路，汽车停了下来。他要P先生改坐他的小车，当然不可能，他纠缠不休，警察用枪柄把他冲倒。阿四回家后又和老婆到P先生家里又求又闹。第二天P先生坐了他的车去火车站，半路上车心断了，P先生给了他网元，就去赶火车了。小说刻画阿四因为失业，陷入绝境而疯狂挣扎。滕固属新感觉派，这篇作品带有当时流行的无产阶级文学的痕迹。

图 143　何元俊，大闹洋场，《点石斋画报》，1897

　　《大闹洋场》（图 143）记载了一件上海工潮史上的大事。题词曰："本埠英、美租界各小车夫，因英工部局议加月捐二百文，聚众歇业。至前日，竟纠约数千人，各持扁担、杠棒，会于黄浦滩总会门首。适见某姓塌车满载而来，该车夫等见而大怒，围住不放。旋有骑马印捕上前驱逐，若辈遂迁怒于捕，一声号召，群起为难。该印捕急吹号叫，中西各捕闻声赶至，拳棒并举，各逞雄威。而若辈众志成城，愈聚愈多，拆毁某洋行铁栏以为战具。经总会各西人急打德律风告知各捕房。各捕房皆鸣钟告警，召集寓沪各团练及各马队、炮队等，至捕房四面驾炮。先将工部局保卫，然后分投往救。停泊浦江之各兵舰，亦燃放齐心炮四响，相率排队登岸。该车夫等见势不佳，各鸟兽散。后经中西官设法调停，暂免加捐，已各安业如常矣。"

这场斗争持续了一段时间，图画作了浓缩处理。1897年1月1日租界工部局告示，租界马路因小车来往过多，损坏严重，修理费用浩大，决定三个月后，小车捐由二百文增至六百文。4月1日加捐开始，租界内凡领有执照的小车工一律罢工，当局派遣巡捕进行弹压，小车工被捕七人。次日少数小车工违约捐照，驱车运货，罢工者前往阻挠，租界巡捕出动弹压，外滩总会附近发生大规模冲突，持续一天。4月5日小车工八百余人以扁担为武器，随同大批声援罢工的各行业工友取道外洋泾桥进入公共租界。工部局以此为暴动，鸣响警钟，出动义勇队镇压。停泊于黄浦江的英国兵舰鸣炮四声，以示恫吓，并派遣水兵两队登岸参加镇压小车工斗争。在这次冲突中，小车工死两名，伤无数，印捕、英捕各伤一名，商团伤两名。4月7日，经各方协商，工部局税务处按原捐额发放车照，小车工抗捐斗争初获胜利（汤志钧主编《近代上海大事记》，上海辞书出版社，1989，页508—511）。

电　车

两个经典

　　写电车的文学以张爱玲的《封锁》为绝唱。在街上封锁的间隙，电车车厢变成抽干社会规训的伊甸园，其中上演弗洛伊德式的白日梦。有奇思妙想不够，还需要语言的技术装置。于是文字如魔术般将情景幻化为银幕，使读者即刻进入沉浸式空间体验。一对普通男女萍水相逢，互诉衷肠。一边是有妇之夫倾诉厌倦了的婚姻与日常中的苦恼；一边是信教家庭的乖乖女，一向生活在理性轨道上，被家人逼着找乘龙快婿，于是产生厌恶与反叛心理。他们仿佛走出各自感情生活的瓶颈，恢复了原初的自由与天真，正当情投意合而憧憬未来时，戒严解除了，电车又开动了，两人回到了现实生活中，所有的美好似是一场游戏一场梦。

张爱玲揭示了现代文明所带来的人的异化，战争是一种极端的文明形式，难以覆盖芸芸众生日常的扭曲与醒悟。在中国作家中很少有人能达到这样的人性深度，而故事中的男人怯懦而猥琐，女人是更为认真与苦痛的。

至于电影与电车，沈西苓导演的《十字街头》（图144）令人叫绝。《十字街头》讲的是二十世纪三十年代上海一批青年在社

图144 《十字街头》，沈西苓导演，赵丹、白杨主演，1937

会动荡中失学、失恋和失业，却充满朝气地走向不确定的未来。影片表现了都市的喧嚣，他们在人生颠簸中的微笑、幽默和勇气。特别是赵丹风华正茂，白杨则是一颗新星，该片使她一举成名。

民国时期的电影里常出现都市景观，人群熙攘，车辆纵横，有人力车、汽车、电车、垃圾车等。在《十字街头》里的电车贯穿于整个影片，具结构性功能，四个桥段展示了一对都市男女如何相遇、相恋，是故事主线，可说是一部两个人的电车罗曼史。

男女主人公在电车上几次相遇，彼此不知道他们其实是邻居。像一对欢喜冤家，一个夜里在报馆上班，一个白天在纱厂工作。他们的邻里生活展现了上海下只角居民的生活状况。两人互相捣乱拆台，发生了一系列啼笑皆非的事情。第一个桥段（图145）不外乎男女初识：赵丹下车后，发觉把纸包留在了座位上，就追电车，这纸包就在白杨身边，于是她从窗口递了给他。

第二次两人没有直接遭遇，上下车错过，赵丹恋恋不舍，车走了，他也跟着车走。第三次，两人互相熟悉了。赵丹对朋友说，碰到了一个可爱的女孩。白杨也产生了幻想，在童话世界里，她荡着秋千，赵丹则作白马王子打扮，两人在花园里甜蜜。

最后一次与初次相遇的情景（图146）有重叠。赵丹故意不下车，电车摇晃，白杨倒在赵丹身边，手中的纸飞到了窗外。

电车进站

朝下看

朝上看

谢谢你，我有个纸包，忘记了

发现纸包在座边

递给失主

图 145　桥段一

赵丹叫停了车子，奔下去捡。那时候电车不像现在这样运行有
秩序，在车上可以抽烟，也可以叫司机停车。赵丹把纸片捡起，
又追上车交还给白杨，两人含情脉脉，心心相印。

他们终于发现原来对方是隔壁邻居，也是梦中情人，这是

相遇便相喜	相喜便有缘
车摇晃	纸片飞出窗外
下车拾起纸片	物归原主

图 146　桥段四

电影的高潮。接着接近尾声，男女主角均失业，与其他青年踏上追求光明之途。影片以电车与租屋为交叉中心而展开平行叙事，卷入报馆与纺织厂以及主角各自的朋友圈，从而映现都市的广阔场景。《十字街头》具左翼倾向，好处是顺着感觉走，真实而自然，艺术上要比较重观念与意识形态的《新女性》更胜一筹。

电车简史

　　说起都市风景线，首先映入眼帘的是摩天大楼的天际线，

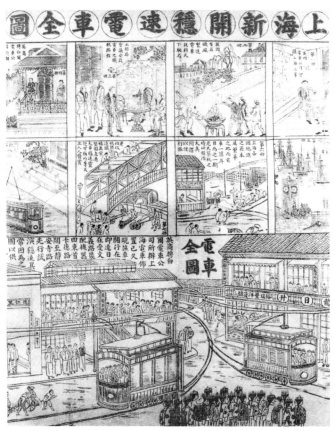

公共租界有轨电车通车时散发的招贴画

图147　公共租界有轨电车通车时散发的招贴画

其实更为基本的是地面上流动的交通线。三轮车、黄包车、电车、汽车都是外来的，二十世纪初的上海街面上，各类车大致齐全。随着人口增长，经济提升，车辆骤增。报刊上不断出现有关各国电车的报道，电车在上海也被提上议程。1905年工部局委托英商实施电车工程，1908年开始有了电车，是英商经营的有轨电车。同年也开始有了法商经营的有轨电车。1913年华商经营的电车也产生了，各自有其行驶线路。

在建造电车过程中，一直有来自各方的反对声音，民众抱着怀疑和恐惧的态度。这张《上海新开稳速电车全图》（图147）是工部局散发的公示，宣传电车的好处。

图148　上海电车公司的经理及其助手们合影，《中国的租界》，2004

1908年2月6日，英商聘白尔电车公司在卡德路（现上海石门二路）到静安寺路（现南京西路）试行有轨电车。3月5日凌晨 5 点 30 分正式通车，行程 6040 米。图 148 为上海电车公司的经理及其助手们的合影。

1908 年 2 月 10 日《时事报》刊登了以下这张图（图 149），题词曰："英商聘白尔电车公司所办沪地电车，布置已久，现该车已开行在即，连日在爱文义路装配机器，由东首卡德路开至静安寺路，先行试演，稳速异常。本馆因为之图，以供众览。"

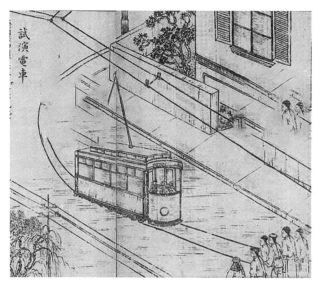

图 149　试演电车，《时事报图画杂俎》，1908 年 2 月 10 日

通车之后负面新闻不断。相对于马车和人力车，电车速度更快，人们难以适应。第二年一再发生车祸，形诸图画的新闻报道至少有三起。时事报馆的一幅题为"洋员被电车撞毙"的

图片新闻，描绘了一个德国领事馆书记员骑自行车，在美租界被撞翻，跌破脑门，送医不治而亡。另一幅题为"电车司机人之残忍"（图150），描绘了在法租界，一个老妇被撞倒，头发卷入轨道，司机不顾，仍往前开。再有一幅（图151）是时报馆的，美租界上一个九岁孩子被撞倒身亡。每件报道的书写体例是一样的，某时某地、受害者身份、几号电车和司机姓名都清清楚楚，事后司机都由公共法庭审讯。

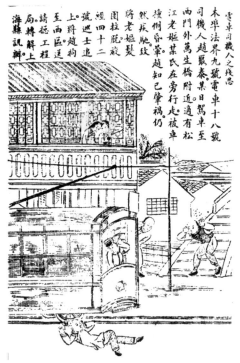

图 150　电车司机人之残忍，《时事报图画杂组》，1908

图 151　电车撞死人,《时报》, 1909

　　1915 年 1 月《东方杂志》中《上海三电车公司之组织》一文回顾了上海营造电车的经过。1905 年工部局对发展电车的议程进行了反复讨论和论证, 最终决定把建造电车的工程交给英国人。数据显示 1913 年电车所载总量为 47686648 人次。1903

至 1907 年之间工部局为人力推车所发的执照数每年增加百分之五十五，电车通行之后所发执照逐年递减，说明都市交通压力得到减轻，终于受到市民大众的欢迎。

"Tientsin tram car.

图 152　天津电车，《北洋画报》，1926

这是《北洋画报》上的"天津电车"图（图152），拥挤是一大特点。在上海也一样，与汽车、黄包车等相比，搭乘电车的人多，多到难以被容纳。1946年，巴金在电车里被轧伤了的消息刊登在报纸上。人口越来越多，到了四十年代，电车每天售票达万元以上，后来售票额还加倍，利润不断上涨。每天有轨电车的"铛铛"声震动地皮，给城市带来嘈杂的动感，构成循环往复的风景线。

天涯客的《上海电车的沧桑》一文提到了经济状况与人口结构："二十年来，先是公共租界的电车而论，已经有极大的变迁。从前的电车，外面的油漆是黄色的。目下已变成绿白两色。三等车车厢很长，头等车是很短的。大约因为上海人口一年比一年多，从前荒凉之区，后来都成了繁荣市场，不过讨厌异常。一遇妇女，非让位置不可，否则算为大不敬。电车票价也增长了三倍……有一件奇怪的事情，从前头等车厢的搭客，差不多尽是外国人。目下外国搭客，已如凤毛麟角，上海人的生活程度增高，消费量也增大，动不动都要坐头等车，所以头等里有很多中国搭客。外国人眼前已改乘公共汽车，公共租界的电车搭客，尽变成中国客……从前电车公司的收入，在公共租界的，每天不上一万元，现在已达到三万元，小小的一件电车事业，二十年来，已成隔世。"（《时事新报》，1932年9月1日）

S.W. 的《我坐电车》一文说："上海的人，最阔的有汽车，其次有马车，再次有包车，第四等的则坐黄包车，坐电车是第五等了。当然再挨下去，还可以分好几等……上海的电车，有南市电车、英租界电车和法租界电车。三处电车，当然以南市为最佳，车钱便宜，开车人和卖票人和气公正，他们自己不肯揩油，也不欺侮乘客。法租界车钱略较便宜，但卖票人和开车人都像'洋人'加'大亨'，遇着乘客都像他们的七世冤家、八世对头，恨不得一天到晚把辆空车子开来开去才爽快，否则买票问一声价钱，卖票人怕烦没有好脸面看。上下车慢了一点，开车人便

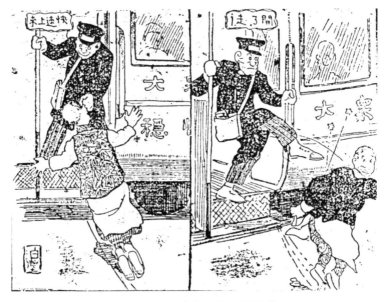

图 153　沈泊尘，上车与下车，《晶报》，1919

要虎着声音催'快点快点'。英租界的电车,那更是最恶劣不过的了,车钱不成问题是最贵的,乘客是最挤的,卖票人有油可揩时,他是扮着笑脸,由鼻孔里哼出一个'谢谢侬',否则也要给你碰钉子,好似在外国毛子手下吃饭,靠着外国牌头,遇着中国乘客,乐得搭起架子。"(《中外问题》,1936,第14卷第3期)

这幅沈泊尘的漫画(图153)刊登在1919年《晶报》上,画出售票员的穷凶极恶的态度,很可能是指英法租界的电车。

小说电车

电车最早进入小说应当是在孙家振的《海上繁华梦》中。1909年在《图画日报》上连载,第三回《坐电车三更笑语 装风扇十索要求》写到妓女与客人看戏,结束后将近半夜,在马路上男的觉得很热,便提议乘电车兜风。英商的电车从静安寺开到虹口,夜里也有班次。两人便乘车,凉风习习,感觉非常爽快,那时静安寺一带很冷清,不像后来这么热闹。《海上繁华梦》(图154)像韩邦庆的《海上花列传》一样写妓院故事,一向被叫作"邪狭小说",或"嫖经"指南,这个标签不无误导,其实可视为都市小说或时尚小说,因为那时的妓女生活方式代表趋向解体的道德秩序和都市时尚消费新潮,为大众所企慕。

图154　新花头纳凉坐电车，孙家振《海上繁华梦》插图，1909

　　文学史上孙家振和韩邦庆都被叫作鸳鸯蝴蝶派。民国初年的文坛基本上由鸳鸯蝴蝶派主政，有几篇写电车的作品。1915年的《香艳杂志》有懒僧的《电车姻缘》，讲一个女学生乘电车，和售票员谈上了恋爱。有一回女的一条绢巾飞到窗外去了，他马上下去捡，交还给她，此即为《十字街头》的先声。两人渐渐互相了解，经过自由恋爱，终成眷属。另一篇是1919年《小说新报》上乃丰的《第一路电车》，用白话写的，也是讲一对青年男女自由恋爱而电车扮演了红娘的故事。显然这两篇小说都对电车青睐有加，仿佛在"义务带货"，迎合了由恐惧转向接受的大众心理。

事实上当时更流行的是周瘦鹃的"哀情"小说，专写自由恋爱因为遭到家长反对而"为情而死"，赚足少男少女的泪目。故事以他的初恋失败为基础，颇能代表社会实际情况。数年后"五四"新文学兴起，用的是新式标点的白话，面对的仍是老问题。如鲁迅的名作《伤逝》，描述了一对青年冲破旧礼教而结合，因为感情产生裂痕而分手，女的回到旧家庭，死了。自由结婚以悲剧收场。一般认为鲁迅着眼于自由恋爱的社会与物质条件，男的写文稿难以为生，女的没有职业，缺乏经济基础，再美好的婚姻也难以维持。

从经济角度再来看《电车姻缘》，女主已与别人有了婚约，但对方是个道德败坏的富家子，因此与他离婚而与售票员结婚。《第一路电车》里的男主是南京路上一家公司的办事员，月薪四五十元，女主是女校教员，完全是个新女性，主动邀请男方去她家，她父母本来想找个有钱有势的女婿，后来看到他们真心相爱，就同意了。这样描写或许是理想化的，不过随着城市经济的发展，职业女性越来越多，《第一路电车》发表于1919年，其时当女校教员不算稀奇。它们的共同之处在于电车都充当了男女交往的新空间，似乎含有给自由恋爱加速的隐喻，也表达了对现代性的拥抱态度。鲁迅的《伤逝》作于1925年，以北京为背景，北京在前一年有了电车，与上海不一样。

周瘦鹃是个大蝴蝶、大鸳鸯，也写电车小说，1914年《遥指红楼是姜家》刊登在《礼拜六》上，不离其"哀情"品牌。题目像一句古诗，用了《红楼梦》的典故与才子佳人的套路。小说里一男一女在电车上认识，有意无意多次相遇，渐渐地熟悉起来。男主痴情，对女主日夜思念，有天发现女的手上戴着戒指，说明她名花有主。他好似被浇了一头冷水，受了极大刺激。好几天乘车没遇见她，那天下了车，在路边遥望附近的红楼，窗口映现女主跟丈夫在一起，他失魂落魄，被电车撞倒。这是一场现代爱情悲剧，青年男女崇尚自由恋爱，但现代交通工具无助于双方沟通，电车则是造孽的科学怪兽。

1917年在丁悚的《古今百美图咏》中有一幅图（图155），电车里坐着一个时髦女子，有"蝶公"即陈蝶仙的题诗："郎住城西妾住东，近时来往电车通；蓬山此去无多路，还恐相逢在路中。"说这女子与情人同住城里，电车给交往带来了方便。早在1908年陈蝶仙就作了《电车词》九首，刊登在《竞业旬报》上，情调大不一样，对电车饱含惊恐。其一："欢家住城西，侬家住城北。一日十往还，电气车儿速。"其二："电气车儿速，欢亦勿常来。车行易杀人，人命等尘埃。"其三："尘埃卷地起，瞥眼电车驰。轧轧电车轮，何似双鸣机。"其四："铛铛电车铃，欢行须避远。侬言君记取，电车固无眼。"其五："行行电车道，电车去复来。昨日侬家邻，朝出暮不回。"其六："朝出暮不回，感此伤妾怀。一日不见君，几转卜牙牌。"其七："侬家住城北，欢家住城西，十里电车道，步步有危机。"其八："欢亦不常来，侬言君记取。岂不望欢来，欢来妾心苦。"其九："欢来妾心苦，苦口为

图155　丁悚，《古今百美图咏》，1917

欢语。辗转复丁宁，涕泣零如雨。"组诗具乐府风格，好同样想念情人，却嘱他不要常来，因为搭乘电车有危险。这意思跟周瘦鹃的《遥指红楼是妾家》差不多，对电车的态度很不友好，事实上反映了他们对新式交通工具的某种拒斥心理。有趣的是丁悚、陈蝶仙和周瘦鹃从 1913 年开始成为文艺杂志《游戏杂志》《礼拜六》的同人，属于"礼拜六派"，对于话剧、女子戏剧、电影等文艺新潮推波助澜，努力打造一种新的都市文化，同时他们对工业技术现代性抱有某种批评，今天看来反而含有某种健康的内核。

漫画电车世界

二十世纪二三十年代漫画大为兴盛，若追溯其渊源，1904 年《时报》就有了滑稽画。电车通行不久，《时事新报图画》的滑稽画颇多电车的话题。一组题为"小题大做"的漫画描绘了如下情节：小伙子下车，售票员见他没票，要罚，他说买了票的，找不到了，于是售票员把他的外套脱了，小伙子赤着上身，感觉很难堪，此时他从帽子里取出车票。另一组：妇人因小伙子给她送东西，给他两毛钱，他不要，她说不要客气，推让之际一辆电车开来，小伙子吓得掉下水塘。又一组：妇人携幼童上车，某他乘客让座，却被军人占了。军人见长官起立敬礼，妇人把座位占了。

像电影院、公园等公共空间一样，电车也有文明守则，这些漫画搬演车厢的人生百态，无论揶揄或讽刺，都旨在维护文明守则，也体现普通人的智慧，而滑稽可笑的画面则意在象外，让人忍俊不禁而得到启示。

图 156　电车中恶作剧，《时事新报图画》，1912

图 157　电车中之纳凉法，《时事新报图画》，1912

《电车中恶作剧》（图156）中一个绅士模样的男士在扮鬼脸吓唬邻座妈妈背着的小孩子，小孩吓得大哭，妈妈回过头来，男士转过头去装得若无其事。或者画一个乘客头戴一顶大帽子（图157），大到把两边的座位都占了。这是讽刺霸座现象，大帽子被夸张到荒诞的程度，诉诸人们的常识而达到针砭的效果。

图158　上海礼貌电车上让座，《漫画月刊》，1941

电车里有一些文明规约，比方看到女性是要让座的，特别对于外国女性更是如此。实际上有不少不平等现象，如人们看到西洋女子、时髦女子会让座（图158），西洋女子也不客气就入座了。而人们看到那些年纪大的妇人，瞧都不瞧一眼，这副势利的样子也被作为讽刺题材，显示了人性的自私和弱点。1940年《艺海周刊》曾经刊登过派司的《电车群众》，描写了一位女乘客"神气十足，挟着皮夹，走进车厢，有人起立让座，她就做足身段，一屁股坐了下去，面孔壁板，连一丝笑意都没有，好像这是她应享的权利，非如此不足以表示自己的一本正经。他，大约是个大学生，因为西装笔挺，头发光亮，口袋上插着两支自来水笔，胁下挟着几本洋装书，这都是他的标记。见了摩登女子，立刻让座。假使来了一位七八十岁鸡皮鹤发的老太婆，连正眼都不高兴瞧她一瞧的"。

电车车厢是社会缩影，万花筒般映现出上海五方杂处的情状及其阶级、种族与性别的复杂关系。前文提到英法租界电车的倨傲、恶劣态度，已涉及民族之间的张力。最为激烈的，是在我的中学课本里读到的朱自清的《白种人——上帝的骄子！》一文，一个外国小孩子对于黄种人的"凶恶"目光使作者受到极大的伤害，电车仿佛成为种族矛盾的战场。这篇文章发表在1925年，的确在"五卅"惨案之后民众对于上海的殖民主义产生新的警觉。

林丽在《乘电车的艺术》中写道："在上海，乘电车是一种综合而最基本的生活训练。在生活之中，没有另一样工作更能使你尽量发挥能力的了，因为五官四肢、眼光、手段、魄力等等没有一样不起着'决定性的影响。'"（《民主世界》，1946，第3卷第2期）这段话有意思，其实电车伴随都市的脉动，是一架流动的感觉机器，然而在各种起"决定性的影响"的要素中，更要紧的是"眼光"。朱自清文章里的外国小孩的"凶恶"目光是有关车厢生态的提示，某种意义上车厢可被界定为看与被看的视觉空间，那是更为日常的，虽然不尽是"凶恶"，尤其在性别关系上，目光却具杀伤力。

图 159　麦金叶，小姐怕坐电车的原因，《实报半月刊》，1936

《小姐怕坐电车的原因》（图 159）中，众多男乘客将视线聚焦于一青年女子。这似乎是最常见的，电车里女子在男人们的围观与凝视之下的尴尬与窘迫，是现实世界女性处境的缩影。这幅漫画不那么精致，却画出各色人物，穿西装和背心，戴瓜皮帽和呢帽，分头、平头和秃头，脑际贴膏药的，看上去都不正经。那时电车上可以抽烟，当然是不健康的。

图 160　郑光汉，欲的一刹那，《上海漫画》，1930

《欲的一刹那》（图 160）也叫人不舒服。男士风度翩翩，口叼卷烟，紧盯着面前坐着的女乘客，一派流氓腔。这些漫画描绘了都市的日常景观，虽然电车这类交通工具为人们配备了现代硬件，但软件跟不上，行为方式还相当陈旧。从一般意义上说，车厢里男人的目光受一种荷尔蒙驱使，变得紧张起来。周瘦鹃的《电车里的眼睛》一文说：

世界中最难安放的东西，要算是电车里的眼睛了。一个人要是瞎了眼罢，不瞎眼总是要瞧，到了电车里又哪肯不瞧？并且为了坐在这小房子式的车中，不能四面八方无天无地的乱瞧，所以益发要瞧了。这一双眼睛兀自在同车的客人们脸上身上兜圈子，放在这里不对，放在那里又不对，简直没有安放之处，倘有一个美女子坐在对面，这一双眼睛可就忙极苦极了。

有一般人称男女目成叫做打无线电，我看人的眼睛中当真有电啊。譬如对面那个美女子偶然对你一瞧，你的眼睛恰和伊的眼睛碰个正着，顿使你发生一种异感，好似触了电的一般。经过了这一下子，于是你的眼睛更没有安放处⋯⋯（《紫兰花片》，1923，第 10 期）

这告白有趣而坦率。上车，眼睛扫了扫，是否有美女，这似乎是日常电车男乘客的心理，又觉得不文明，于是产生轻微的颤动。

图 161　张光宇，肉感丰富，《上海漫画》，1928

1928 年《上海漫画》有一幅著名漫画家张光宇的《肉感丰富》（图 161），大肚顶着大胸，以零距离曲线度量电车的拥挤空间，胖子占据了过多的空间，引人发噱，虽然这么讽刺胖子似乎不太厚道，而两人的高低对视别有意趣。二三十年代漫画中

"肉感"一词很流行，就像电影里画报里大量好莱坞明星暴露大腿之类。1927年《申报》上一幅题为"救苦救难，南无阿弥陀佛"（图162）的漫画中，老和尚被两位女子夹在中间，目不斜视，受到"肉感"的威胁，嘴里念叨着"阿弥陀佛"。另一个抽烟男子则肆无忌惮，这些漫画捕捉冷漠的人际距离中的情波涌动，展示了"油腻男"的众生相。

图162　救苦救难，南无阿弥陀佛，《申报》，1927

苏青与张爱玲

在四十年代的上海，张爱玲和苏青均是才情突出的女性作家，两人都写到电车，风格全然不同。1943 年苏青在《全面》杂志上发表《轧电车问题》一文，是她每日搭乘电车的经验之谈，直爽吐槽，令人开怀又心酸。每天要上班，乘电车为了省钱，"你乘不起黄包车，因为黄包车专程来回接送要六元。有时候可能还要拼车，如果你与一位男士一起坐了，还会被误以为是在一起兜风。其他交通工具也是没有能力去坐的，最后只能挤电车。总结的挤车经验就是，要心狠"。怎么个"心狠"？她说："轧电车，牙齿一咬，顶要紧的是心狠。假如看见白发老翁，或怀中抱一个孩子，手里牵一个孩子的妇人蹒跚地走着，便不忍撞上去，将他或她们一把推开，你的好机会便失去了。好机会可不能多得，而慈悲心也不可稍发，一发不可收拾，一失不能再得。轧电车呀，还是讲人道呀，鱼与熊掌二者不可兼得，还是舍后者而取前者吧。"这段话反映出当时电车的拥挤状况，她特别告诫女性乘客，第一要穿衣料质地牢的衣服，否则衣服被挤破就比较难堪，第二不要穿白鞋子，第三要当心手提包，尤其碰到大热天千万不要挤进去弄得一身汗臭。一个讨巧办法是站在月台上，与司机为伍，车开动时凉风吹来，不亦快哉。如果遇到人家比你高，把你挡住，汗臭逼人，那怎么办？她分享一种经验："那便是你们在上车时顶好把唇膏涂得浓些，现在的唇膏大都是劣货，容易脱落，擦在人家西裤或长衫或旗袍背上，可是洗也洗不去的，这个道理你知道，人家也知道：人家知道你便不必详加说明，在汗臭逼得你透不过气来时，只要轻轻喊一声：'当心口红哪！'马上便有人把高大粗重的身子移开，而让一阵凉风直扑你的脸孔头颈而来。——此亦轧电车之一得也。"

这篇文章写得很直白，是从精打细算的职业女性角度来写的。张爱玲与苏青要好，也是竞争对手。她在不少地方写到电车，除了小说《封锁》，另如散文《公寓生活记趣》，其中一段妙趣横生：

我们的公寓邻近电车厂，可是我始终没弄清楚电车是几点钟回家。"电车回家"这句子仿佛不很合适——大家公认电车为没有灵魂的机械，而"回家"两个字有着无数的情感洋溢的联系。但是你没看见过电车进厂的特殊情形罢？一辆衔接一辆，像排了队的小孩，嘈杂，叫嚣，愉快地打着哑嗓子的铃："克林，克赖，克赖，克赖！"吵闹之中又带着一点由疲乏而生的驯服，是快上床的孩子，等着母亲来刷洗他们。车里的灯点得雪亮。专做下班的售票员的生意的小贩们曼声兜售着面包。有时候，电车全进了厂了，单剩下一辆，神秘地，像被遗弃了似的，停在街心。从上面望下去，只见它在午夜的月光中坦露着白肚皮。

（《天地》，1943，第 3 期）

张爱玲的公寓在常德路上，底下是电车总站。写电车进厂，一般人会认为电车很吵，而在她的笔下，电车一辆接着一辆，像一群要回家的小孩子，特别温馨和充满诗意。实际生活中的电车经验充满了拥挤、混乱和喧嚣，而张爱玲仿佛与喧嚣的红尘隔开了，好像是不食人间烟火。人家总说张爱玲出生于贵族之家，有点儿居高临下的态度。的确在世俗的日常之中她有自己的童话世界，有一颗童心。

游　泳

　　自从中国人生活在白话的世纪，身上印刻着斑斑断痕，就像是"现代性"的前世今生，所以故事里常出现白日幽灵、借尸还魂。

　　这里说一说"游泳"这个词，不像"革命""自由""民主"之类的大词，而跟身体有关，不那么壮阔，也有风浪，不必大浪淘沙，却有阳光沙滩、青岛浴场、外婆桥……

　　"游泳"是个现代语，大约是从日本输入的，这里不暇细考。只是平日翻阅民国报刊，有些词从脑子的蚁穴里爬进爬出，不胜其烦。然而在数据库做一番搜索，哇，如大水灌穴，一下子涌了出来。

　　一个词嫌孤单，于是找几个搭档，如"泅水""海水浴""出浴"等，出于即兴。若把它们照年份编排，倒是一部身体和水的现代生活史。从水中冒险到体育运动、从国际竞赛到身体规训、从都市到郊外，新的组织和机构、新的社会空间应运而生，一种现代都市的日常生活方式在成形。

而想象世界更千姿百态，从杨贵妃到梅兰芳、从历史到舞台，延绵不绝的欲望空间跨越公私交界，一曲长恨歌演变成大众对美女身体想象的嘉年华会。

"虽小道，必有可观者焉"，有图像"可观"，不亦乐乎。除了必要，尽量让图像说话，画中有话，观者自明。生活在如本雅明说的视觉技术的复制时代，图像先于思想，而我们的思想已习惯于仿制，生活在今天的"屏幕世纪"可说是无图不欢，无图不成史。

图像里大都是女性，如1933年10月《文华》画报的封面（图163）是当年夺得全国运动会游泳金牌的杨秀琼。女子主宰了现代性公共空间，不只是"半爿天"，而制作、编辑、刊登的大都是男性。从泳池海滩、好莱坞画报剪下明星倩影，来满足窥秘的欲望和商业牟利，还有一个原因，是胆子小。推翻帝制而建立民国，是学法国大革命。君不见德拉克洛瓦的《自由引导人民》，半裸的女子冲锋陷阵，男人跟在后面。

图 163　杨秀琼,《文华》, 1933 年 10 月

"泅水"全球景观

1909 年《图画日报》有一图, 题为"泅水三十英里之奇闻"（图 164）。说英国有个叫希顿的"泅水家", 某日横渡英伦海峡, 游了三十英里, 离法国海岸只差一英里时, 忽然有大潮逼冲过来, 他近不了岸, 最后"力不能支, 不竟其志而返, 然闻者仍罔不嘉其奋勇云"。

英国兰克斯大著名泗水家希顿君，日前拟由英国之多佛地方浮水渡英伦海峡而至法国之克荼特境初时游泗便为得手，比行三十英里之进尚差一英里使抵法境密而急遍之潮流拥来以至力不能复为自下之志而返然闻者仍闻不嘉其奋勇云

泗水三十英里之奇聞

图 164　泗水三十英里之奇闻，《图画日报》，1909

　　沿海居民有游水经验，古今中外皆然。在十九世纪三十年代的英国，游泳成为一种体育运动。1828 年出现圣乔治游泳池（St George's Baths），为室内公共游泳池。1837 年英国游泳协会在伦敦成立，并组织游泳比赛。上文所说的希顿应该是个专业运动员，那时中文翻译成"泗水家"，他功败垂成，未能完成壮举。在十九世纪只有 Matthew Webb 于 1875 年成功横渡英伦海

峡而到达法国。当然他一下子成了名人，他的漫画人像刊登在
该年的《名利场》杂志上（图 165）。

Caricature of Matthew Webb by
Ape, published in Vanity Fair in 1875.

图 165　Matthew Webb 的漫画像，《名利场》，1875

1909年《图画日报》上有"泅水会"图（图166）。上海的外国商人在9月6日举行游泳比赛，由世界泅水俱乐部的会员参加。此图水中大多是女性，也不像是游泳比赛，好像不是根据实景画的。

图166　泅水会，《图画日报》，1909

1910年《舆论时事报》有"奥妇泅水四十英里"之图（图167）。这位叫埃索衣士娇的奥地利妇女应当是Baroness Walburga von Isacescu，曾"两次欲由加利士泅过英国海道"。看来她要比希顿英勇得多，也聪明得多，因为她善于观察风向，能知道潮汐的动向。

图 167　奥妇泅水四十英里，《舆论时事报》，1910

清末以来画报开始流行，一般不如《点石斋画报》画得那么认真精细，同样也发挥了大众启蒙的作用。内容上域外新闻必不可少，涉及现代知识及其价值观念，最显著的莫过于气球、飞舟之类的新闻，介绍西洋科学，也在分享人类飞天的梦想。许多文艺杂志里也是这样，喜欢叙述海外的种种新奇事情，尤其在一战期间，热衷于军事方面的报道。1913年的《自由杂志》上一则《德军之注意泅水》的笔记，说近来德国政府要求士兵必须具备泅水技术，并实施了加强训练的计划。

1913年《真相画报》（图168）刊出第一次远东运动会的报道，说"此次东亚运动会原欲为他日入寰球大运动会作张本，故运动之种类与寰球大运动会略同"，如跳高、跳远、掷铁球、持竿跳高、短跑、长跑、网球、足球、篮球等，也包括游泳等项目。但是游泳项目又被称为"泅水竞走"，来自中国南部的选手冯启明获第二名。"寰球大运动会"即奥林匹克运动会。远东运动会由菲律宾发起，中国和日本等是最初的会员国，原名远东奥林匹克竞技大会（Far Eastern Olympic Association），后改称为远东运动大会（The Far Eastern Athletic Association）。第一届远东运动会于1913年2月2日至7日在马尼拉举行。中国派40名选手参赛，日本20名，菲律宾60名，结果是菲律宾获胜。此后每2年举办一次，第二届在上海举行，直至1934年决定改为每4年举办一次。

图 168　游泳比赛场景,《真相画报》, 1913

　　1913 年 6 月《进步》月刊刊出紫宸翻译的美国蒲罗斯得的《泅泳术》,嗣后在 7、8、10 月号连载,共四章,开头说:"挽近运动诸艺,以泅泳为最有益。"又说"泅泳术传之最古,依近今之应用,已获新法数端"。如图 169 所示,首先教人学会"浮水",有趣的是说捷径之一是效法犬兽的泅泳情状,令笔者想起初习游泳时被人讥笑的"狗刨式"。这适合初学者,且从后来出版的游泳知识来看,这种"新法"不怎么专业。无怪乎作者说他教一个十岁的女孩子,两个星期就学会了。

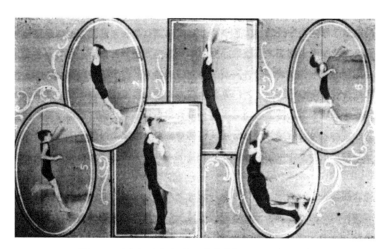

图 169 浮水时之各式,《进步》, 1913 年 6 月

科 習 練 育 體 之 會 年 青 海 上

图 170 上海青年会之体育练习科,《进步》, 1913 年 10 月

《进步》杂志由上海基督教青年会主办，创刊于1911年9月。自十九世纪后半叶上海开埠以来，西方传教士在传播近代知识与推进教育等方面作了大量贡献，此众所周知。据该刊1913年10月号的《青年会在世界各国之造就》一文，青年会为全球性组织，中国青年会成立于1895年，在1913年中国20余个城市已有青年会，附图之一是上海青年会的体育练习场所（图170），此时可能还没有游泳训练，但《泅泳术》的翻译意味着青年会在传播游泳知识方面拔得头筹，也不足为奇。

在《真相画报》里出现"泅水"和"游泳"，而"泅泳"含折中意味，在二十世纪二三十年代仍在流通，最终被"游泳"取代，而"泅水"似显得土气，很快被淘汰了。

"游泳"与明星传奇

1915年1月《礼拜六》周刊刊出"世界著名游泳家美国爱奈德凯娄曼女士"的头像照片（图171）。其实这位Annette Kellerman（1886—1975）是澳大利亚人，确是个世界性的传奇人物。她自小腿部有疾，须用钢架纠整，她父母把她送到悉尼接受游泳训练，16岁时，腿部恢复正常，在游泳和跳水比赛中夺冠。19岁时曾三次试图横渡英伦海峡，因体力不支而未获成功。

她做的许多事情都具开创性。在墨尔本，她在玻璃水缸中作美人鱼表演；在纽约作水中芭蕾表演。1916年在好莱坞福克斯影片公司摄制的《神的女儿》（*A Daughter of the Gods*）一片中演女主角，作全裸演出。她发明了一种紧身游泳衣，1907年在美国马萨诸塞州的海边因为穿了这种游泳衣被逮捕（图172）。

图171　世界女游泳家，《礼拜六》，1915

MISS ANNETTE KELLERMANN.
Champion Lady Swimmer and Diver of the World.
Copyright   SEARS, Melbourne

图 172　凯娄曼小姐遭到逮捕时所穿泳装

　　在民国初期的上海，文艺杂志如雨后春笋，一下出现了三四十种。1914 年创刊的《礼拜六》是本小说周刊，极受读者欢迎，销售达万册。刊名模仿美国《星期六晚邮报》，是周瘦鹃的主意。该刊发表了大量翻译小说，不少西方戏剧、电影演员或名流的照片，颇有引领新潮之意。编辑之一的周瘦鹃熟悉西洋文学，又迷上了电影，对好莱坞女明星推崇备至，经常从英美流行杂志寻找她们的材料。不知这幅凯娄曼的照片是否由他提供，没对她作更多介绍，不无可惜。

称凯娄曼为"游泳家"，颇富前瞻性。事实上在周瘦鹃的作品里另可发现"游泳"，如1915年的小说《鱼》，发表在第61期《礼拜六》上，其中通篇模仿鱼的口气："好有趣啊，好有趣啊，这一片碧玻璃也似的水面上，听吾自由自在往来游泳，仿佛是吾的运动场。"这条在"运动场"里畅游的鱼，很有"游泳家"的意味。

福克斯公司的《神的女儿》是好莱坞首部投资百万的大片，片中凯娄曼往来于丛林激流之间，因为她有游泳技术，还因为有健美的身躯可秀（图173）。其实比这部影片早几个月，好莱坞公映了名为《贞洁》（Purity）的片子，其中女主角给一个画家充当模特儿，当然也是全裸的。主演 Audrey Munson（1891—1996）本来就是世界著名的模特儿。该片次年在上海开映，周瘦鹃看了这部电影，把它写成小说《女贞花》，在《小说大观》杂志上发表。在描写年轻画家来到浅林中时，他发觉"一条小溪中隐隐有惊鸿之影，拍着碧水，往来游泳"，然后女郎出了水。画家对她美丽的身材惊叹不已，于是请她做模特儿，后来

这幅裸体画果然成为名画。这个出水芙蓉的镜头配有插图（图
174），是周瘦鹃的朋友丁悚画的。

图 173 《神的女儿》中的凯娄曼

其时上海有几家电影院放映外国影片，大多是好莱坞出产，
片中的女星一般都会开汽车、游泳、骑马等。1919年《申报》
上连载周瘦鹃的《影戏话》，文章里谈他曾经看过的欧美电影，
对一些女明星赞不绝口。该年9月，美国寰球公司来上海为
《金莲花瓣》（*The Dragon's Net*，译为《龙巢》）拍摄外景，有女

图 174　丁悚，《女贞花》插图，《小说大观》，1918

主角 Marie Walcamp 在黄浦江里游泳的镜头。周在《影戏话》中说："在黄浦江中摄影，玛丽·华克姆由一日本轮舶上投身入水，泳至一小艇中……"又赞她："貌绝丽，兼有胆力，盖婀娜中寓刚健者；擅驰马，并工游泳。……与蓓儿·花爱德有绛树双声之誉。"蓓儿·花爱德，即 Pearl White，另译作"白珠娘"。她在《宝莲历险记》等片里以惊险打斗著称，后来更以《女侠盗》的炫酷造型成为上海滩家喻户晓的好莱坞女星。

无独有偶，沪上有一位大名鼎鼎的交际花，叫殷明珠，在中西女校读书时被称作"FF女士"，FF 即 foreign fashion（国际时尚）的简称。她喜欢看电影，对宝莲十分倾心，有人说她平时穿着打扮都像宝莲，连她的名字也在模仿白珠娘。可以想象这些好莱坞影片会对中国女孩子带来怎样的冲击，殷明珠是个缩影；而骑马、开车、游泳，她件件都能，似乎生来就是个明星胚子。1921 年 8 月 29 日《时报图画周刊》刊出《名震一时之 FF 殷明珠小姐近影》，说"此为上海交际场中最流行之装束，自其云鬟之低垂，脚跟之高耸观之，足征其深受欧化，不徒人之妖媚已也"。既出了名，各种传闻也沸沸扬扬。有人称她为"解放女子"，有人目之为"堕落女子"，多半跟她与男性自由交往有关。1922年初但杜宇导演的故事片《海誓》在夏令配克影戏院公映，殷明珠扮演女主角，遂以"中国第一位女明星"而著称于电影史。

1922 年 3 月《快活》杂志刊出殷明珠《中国影戏谈》一文，谈她拍《海誓》的经历，也谈到她读书时就喜爱看电影，对宝莲特别仰慕；对于自己的名字与"白珠"重合，觉得与有荣焉。又说到"惟游泳驰马，为予儿时所习，因亦试效其蹈险所为，侪辈见之，误以予为习演影戏，因而大哗"。殷明珠生于有钱人家，小时候就学会游泳、骑马，但看了宝莲的影片之后，更仿效她的冒险动作，尽管被同学们误会，后来嫁给但杜宇，却也真的走上从影之路。

　　但杜宇在拍电影之前就已经是个时髦画家，以画"美女"出名。1920年他的《杜宇百美图》出版，其中有两幅图（图175）与游泳有关。泳装的款式相当前卫，应当是参照了外国画报的；另一幅在海滩上的女子，也刊登在1920年10月17日《时报图画周刊》上，题为"游泳衣"。这些画法多半出自但杜宇的想象，对于当时的女子来说具有某种召唤作用。

图175　但杜宇，《杜宇百美图》，1920

二十世纪二十年代初，游泳活动尚有待普及，小说、美术、电影等传播了游泳观念，而女性身体扮演了关键角色。

游泳的专业传播

二十世纪二十年代初关于游泳的知识传播，出现几个不同类型的文本。1921年4月《学生》杂志上有程小青翻译的《泅泳新术》，是美国红十字会救生队队长的一篇自述，说他当初学习游泳，入不了门，很是苦恼，后来得到高人指点，不到半小时就学会了。这个速成法很有趣，先要学者克服恐惧心理，把游泳当作一种"游戏"，然后跟着步骤一步步去做。其实每一招式都是对习见事物的一种模仿，如像鸭子一样在水中睁开眼睛，像乌龟一样在水里昂起脖子，或像风车一样在水中旋转双臂等。

那时程小青正在《礼拜六》周刊上发表他的侦探小说，后来以此名家。他这篇翻译用一种通畅的文言，颇有小说意味。有趣的是文章题目在杂志封面印作《泅水新术》，正文作《泅泳新术》，文章里也使用"游泳"，数词并用似乎反映了这个词语使用的过渡形态。"泅泳"一词是有所本的，《东方杂志》对每次远东运动会都有所报道，如1917年10月号的程树仁《赴日与第三次远东运动会记》一文中作"泅泳"；1919年10月号的詹菊似《第四次远东运动会纪事》中说到"运动种类"包括"网球、篮球、棒球、排球、足球、泅泳等",而在成绩表中又写成"游泳";1921年6月号的幼雄《第五次远东运动会纪事》中一概作"游泳"。这些纪事文章中对"泅泳""游泳"的使用应当和远东运动会的用法是一致的,在专业上具规范性,而从泅泳到游泳的过渡似乎反映了中、日、菲之间的沟通和共识,当然对于民间更容易产生影响。

"泅泳"被"游泳"取代,但经过公共流通的词语不会死亡,保不定在某时某刻浮出记忆。通过资料检索,发现几条,都在1930年。《良友》画报3月号有足球名将李惠堂《离了母胎到现在》一文,自称"泅泳也是我的嗜好"。同年广州特别市政府印发的第356号《市政公报》,内有体育学校要借地建立"泅泳场"的申请。另有《中国大观图画年鉴》一书有《青岛海边天然泅泳场》之图,另一图(图176)谓"上海公共泅泳场——夏季每日泅泳者男女数百人"。

1922年5月《教育杂志》有刘敦桢《田径、游泳竞技运动法》一文,完全是专业用语,统一使用"游泳",遵循国际惯例。此文说明各种游泳姿势,并一一加以图示。第15图是蛙式,那时叫"跬足",另有仰游、侧游等。不像程小青的译文里那个救生队长把游泳说得那么轻松有趣,刘氏此文首先从安全

上 海 公 共 泅 泳 場 —— 夏 季 每 日 泅 泳 者 男 女 數 百 人
The Shanghai Open Air Swimming Pool where men and women enjoy themselves in cool water during the Summer.

图 176　上海公共泅泳场,《中国大观图画年鉴》, 1930

考虑,"我国位于大陆,夏季之气候酷热,如能择安全之处,练习游泳,不仅为避暑之上法,且有益健康,实一举而两得也。惟游泳之地点,河流不若海滨之安稳,游泳场必具之条件如次……"。且列出游泳之前必须注意的六个要点,如空腹、满腹及酒后不能游泳,"游泳前须预先摩擦全皮肤,行深呼吸,及作简单之柔软体操,以防入水后发生痉挛",或者"海滨游泳以满潮为适当"等等。另外在游泳时也有六个必须注意之处。总之,这个游泳指导的目标读者是城市居民,练习游泳也好像是一种科学、文明的规训过程,而去海滨或游泳场须有相应的经济条件。

1923 年 8 月《小说月报》发表了叶绍钧的短篇小说《游泳》，写一些教师在闲聊，聊到游泳时，大家觉得有趣，体育教师司徒先生吹嘘其游泳技术，大家怂恿他来一段表演。于是在附近小河里，司徒跳了下去，很快游到了对岸，但在游回来时却发生意外，差不多快要淹死时来了一条小船，把他救了起来。如果从上文刘敦桢为城市人叙说的游泳角度来看，就很有意思。显然这是个乡村故事，像这样贸然在河流游泳就会有危险。问题出在司徒要游回来跳下水的时候，他所站的土滩松散，于是他栽入河里，他的身体怎么也不对劲，越游越往下沉，看来虽然是体育教师，技术上还不够专业。

司徒先生有点可笑，但如小说标题所示，"游泳"是焦点，而叶绍钧更在乎游泳这件事，其中有微言大义在。小说以闲聊开头："几位教师大概是谈起了远东运动会，便论到游泳的问题。有人说沿海的人大多善于游泳，就有人接着说，日本男女几乎个个会游泳的；他们的心意渐渐集中于这件事情，只觉得它的兴味正在浓郁起来。"此时有三五个"在家里怕受大人的嫌厌"的学生在学校运动场上玩耍，从这点看这几位是小学教师，其闲聊虽具地方色彩，却与公共资讯密切相连；谈起远东运动会而"论到游泳的问题"，就比较严肃了，这"游泳"就含现代的专业意味。说到"日本男女几乎个个会游泳的"，言下之意好像在说中国人就不是如此。

其实远东运动会有许多比赛项目，为什么仅关注游泳？事实上这是在呼应某种公共舆论，如上文提到1921年6月的幼雄《第五次远东运动会纪事》一文，与叶氏这篇小说时间上靠得最近。因为在这次运动会里，游泳奖项都被日本、菲律宾拿走，中国一败涂地，幼雄写道："居岛国者善于游泳，日本与菲律宾俱为岛国，故游泳之术特精，我国远不逮焉。然运动固不当以陆上为止境，水上运动，裨益体育，亦复不浅，苟习之有素，未必不能胜人。乃我国国民，不加注意，致此次会中选手缺如，宜其相形见绌，将锦标拱手让人也。"且不说这几位教师或叶圣陶是否读过这期《东方杂志》，当小说里司徒先生在死亡线上挣扎，就充分凸显了游泳这件事的严重性。岸上人们万分焦急，一面见死而不能救，一面又谈到远东运动会：

"可惜我们都不会游水！"田先生只是跺脚，鼻头上缀着粒粒的汗珠。

"这可见游水这件事是很重要的，大家应得练习。"

"远东运动会中列入这一项运动，未必不是提倡的意思。"

"我们学校里也应有这项运动。反正司徒先生是会游水的，不妨请他在课外教授。"

"这事情大概不容易罢……"

在这里，叶绍钧写《游泳》的用意昭然若揭，无须赘言。妙的是从一个乡村角度表达出发展游泳的紧迫感，那么对于城里人有点激将法的意思。

1932 年上海："盛暑游泳的狂热"

在游泳方面，中国是后起的，至二十世纪二十年代逐渐发展，游泳团体、游泳池、游泳教学等多了起来；本来沿海口岸都有供洋人使用的海滨浴场，国人也开始光顾，自然的，随着城市经济增长而出现了中产阶级的生活方式。由于北伐革命强行推动女子放足、剪发和"打倒小马甲"的"天乳运动"，加速了女子身体解放的现代化进程，这对于女性的公共参与，包括对游泳的参与无疑起了积极作用。

1932 年上海的夏天有点不寻常，传媒对游泳似乎还没有这么狂热过。上海的天气到七八月就炎热难熬，加上这一年发生"一·二八"事变，闸北区遭到日军轰炸，十九路军英勇抗敌，市民义愤填膺，然而如这份《摄影画报》的标题"盛暑游泳的

图177　盛暑游泳的狂热，《摄影画报》，1932年7月16日

狂热"（图177），热上加热，难以理喻。文章说道："从前上海的公共游泳池，最大的要算江湾路工部局的露天游泳池，不过自从沪战后，那边添了无数木屐儿底足迹，喜欢游泳的同胞，也有点裹足不前了。所以此道不通，不得不另谋发展。现在西门东亚体育专门学校、徐家汇交通大学、丽娃栗妲村、明园、高桥、青阳港等游泳池，增加了无数爱水的人。此外还有多处私家游泳池，然均非平常人所能厕身，只给富家子弟快乐的。"文中江湾路的露天游泳池即众所周知的虹口游泳池，"木屐儿"

即日本人，多居住在虹口区一带。通过这番盘点，我们知道了当时上海还有哪些公共游泳池。

1932 年 6 月号《良友》封面刊出一泳装小姐（图 178），已夺夏季先声。这一期比平时刊本小，而印刷质感较强。编者向读者致歉，说因为沪战，杂志停刊了四期，现在复刊碰到困难，不得不用铜版印刷，价格高昂，所以缩小了版面。

图 178　盛夏，《良友》，1932 年 6 月

图 179　上海名媛张季卿女士，《良友》，1932 年 7 月

　　《良友》一向堪称执画报界牛耳，在打造都市文化现代化上有口皆碑。每当夏季，少不了刊登一些西洋人如何消暑休闲的照片，也是一般杂志的应景模式。但这次 6、7、8 月三期则集中聚焦于游泳主题，极富本土性。6 月号有"广州水上运动会"专版，由十余幅照片拼编而成。7 月号上两大整版以"水国生活"

为题，11 幅尺寸不齐的照片主角一律是女性，似打造成一次中国游泳女子的集体亮相。凡女子皆不具名，仅有一张题为"上海名媛张季卿女士"的照片（图 179），尤其是题为"水国姊妹之行列"的一张（图 180），十余位女生应当是体育学校的学生，十分活泼开朗。游泳所带来的民主和开放，由此可见一斑。

图 180　水国姊妹之行列，《良友》，1932 年 7 月

二十世纪二十年代后半期出现"画报热"，《良友》之外如《上海画报》《北洋画报》等都属佼佼者。大众传媒以消费社会名流为宗旨，今日也没什么两样。在这些画报上，从大家闺秀、名媛淑女、戏剧名角到电影明星，争奇斗艳，从中可见社会风气、文艺潮流之转移，然而在舞台聚焦和幕后操纵之间有许多

潜规则，内含性别与阶级的观念差异。如《上海画报》中妓女也属名流，其照片见诸头版，而《良友》则不然，其主办者本属"广东帮"，已隐含国民党的禁妓方针，与上海的重商自由主义不可同日而语。可注意的是这位名媛张小姐的泳装，还有她的卷发、眼神，堪称风情万种。若与1927年《北洋画报》上殷明珠的《盘丝洞》剧照相比较，其身体暴露的程度远不及张小姐，却把殷渲染成"裸体"而大加指斥，其中不无传统的性别观念及轻视演艺的观念在作怪。而在《良友》上大量泳装女子则绝无"裸体"之嫌，这多半拜赐于"游泳"所含的"政治正确"，即健身运动关乎强国强种，不容有歪念存焉。

1932年之夏确有几件事值得为游泳作宣传。比广州水上运动会重要得多的是南京中央运动场的游泳场落成，政府要人主持了开幕典礼。《良友》第8号为此刊出几幅照片做了报道。此时南京政府正在全力准备来年召开的第五届全国运动会，投入巨资建造中央运动场，因此这游泳场似暖身前奏，果然在次年的游泳竞赛中来自广东的杨秀琼大显身手，为中国女子扬眉吐气。

另一件事是第十届奥林匹克运动会在美国洛杉矶举行，以往中国派代表列席观礼，未正式参加过比赛。《良友》在9月号也作整版报道，所刊照片都与游泳有关。文章说："比赛结果失败，早在意中，无足介怀，惟于此东亚风云弥漫之际，我国突派辽宁省之刘长春君代表中国赴会，亦未尝不是予各国人士以一种新的认识，比赛胜负，犹其余事也。"

这里须举一份几乎被遗忘的《文华》杂志，创刊于1929年。主编梁雪清、梁鼎铭是艺术界新进，另一位赵苕狂是畅销杂志《红玫瑰》的主编，因此许多社员来自鸳蝴营垒。版式风格与《良友》相似，而主打艺术，常刊登古画，彩版印刷之精良则有过之。1932年7、8月两期也突出游泳的主题，比起《良友》是后来居上。关于南京游泳场的报道，在《良友》占半版，而《文华》则占全版，在8月那期以一版半呈现奥运会（图181），比《良友》早了一月。其中一张运动员跳水的照片，殊美观。另有两张有关刘长春，一张是他在运动场上作田径锻炼；另一张是王正廷等人在上海黄浦江边送别他的情形，众人的殷切目光令人动容。

这两期《文华》在游泳上玩足花样，除了整版刊出参加游泳公开赛的"名媛李继伦女士"的照片，还有关于游泳衣的广告和梁又铭的漫画。最为醒目的是8月期上关于新建的高桥海滨浴场（图182）的新闻，许多演艺界名人，如联华影业公司的名导蔡楚生、影帝金焰，以及新老明星殷明珠、陈燕燕、王人美等，皆一一现身。画面上的解说词也是一段有价值的上海掌故，故录之：

图 181　奥林匹克运动会,《文华》, 1932 年 8 月

图182 高桥海滨浴场,《文华》, 1932年8月

离浦东高桥七里许,有沙滩,白浪滔天,殊为一绝妙之天然浴场。上月间由沪特别市公用局,费二千余金,筑成海滨浴场。开幕日,该局柬请报界参观,到者百数十人,以女星殷明珠、陈燕燕、王人美者最为来宾所注目。直至夜间十时许,来宾始渐渐散去。是亦繁华上海新开辟之清凉境界也。

对于这一曲游泳的夏季交响,众多报刊都有加入,这里不再赘述,仅举1932年10月开明书店出版的《中学生》杂志,有一辑以"游泳"为专题的作文竞赛,收入七篇文章,都是中学生作的，叙述各自游泳的经验。有的生长在长江口，大江成为他的"天然游泳场"；有的从小在农村小河里戏水，没觉得有什么危险；有的父母好歹不许学游泳，他说将要去青岛读书，这样父母就管不着了。这些故事无不天真烂漫。其中叫罗会超的同学是上海人，把他在三年里学习游泳的经过讲得特别详细。14岁那年，他仍然"怕水如怕鬼"，但为父亲所逼，去青年会学游泳，得到教练指导，或找游泳的书籍来看，学得慢，却坚持不懈。去年夏天去青岛参加了少年营，泡在海里，游泳技术大有长进，还参加了比赛。回上海后在虹口游泳池里，觉得自己身轻如燕，大有曾经沧海之慨。今年因为沪战，家里从虹口搬到别的区。夏天来了，附近没有游泳池，为了过瘾，他去了五次虹口游泳池。

坚毅的意志叫人钦佩，口气里带点自负，罗会超的这番叙述展现了颇为典型的城市里长大的孩子的形象。他提到的青年会、游泳池、书籍、夏令营，正说明学习条件的优越，也可见游泳作为一种体育运动，又辅之以各种硬件配套，而游泳作为一种现代文明的规训机制，不仅在于健身，也在于磨炼意志。如罗文的后半部分从"知识"和"身体"两方面加以总结，并以甲乙丙丁来条分缕析，可见思维的规整对于文明的规训过程来说，当然是一个重要的目标。

下面有关青年会、游泳书籍等再罗列些图片。上文已说到上海青年会传播游泳知识的情况，这里的图片（图183）刊于1926年《图画时报》，谓于7月24日举办了游泳比赛，图为青年会室内游泳池。

图183　青年会室内游泳池，《图画时报》，1926

书籍方面，上文提到1922年《教育杂志》刊出刘敦桢《田径、游泳竞技运动法》一文，后来教育杂志社编了《田径游泳竞技运动法》一书，1925年12月由商务印书馆出版，收入刘敦桢之文。1929年10月商务印书馆又出版李石岑的《游泳新术》一书，收入《万有文库》。李石岑原是《教育杂志》主编，知名于时；所谓"新术"，大约相对于早些时候出版的《田径游泳竞技运动法》。书中言及"游泳衣帽"的部分，并图示男女游泳服与帽子的不同样式（图184）。实际上三十年代初的女式泳装，如上面一些图像所示，已相当开放，因此这种带袖的款式显得相当保守。

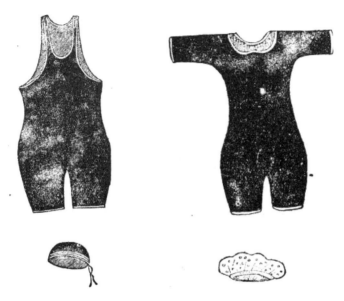

图184　男式与女式游泳服，李石岑，《游泳新术》，1929

书前几幅照片，如"伊豆千人温泉浴场"等大多是日本海水浴场的景观，这大约与作者早年留日的经历有关。有趣的是其中一幅"桑港悬崖浴场外景"（图185），图中嵌入一外国摩登女郎，其泳衣与书中所给的女式泳衣形成明显对照，真是中外有别了。

桑港悬崖浴场外景

图 185　桑港悬崖浴场外景，李石岑《游泳新术》，1929

　　至三十年代这类游泳书籍层出不穷，专门有关跳水的、游泳救护的、女子游泳的，有的以图解或活动照片为标榜，不下十数种，说明游泳运动在深入开展中。

　　罗会超说的"少年营"是由青年会组织的，是暑期教育的一种形式，参加的多为中学生，内容包括体育运动、野营、阅读讨论等。上述属于青年会的《进步》月刊在1917年与《青年》杂志合并，改名为《青年进步》。在1931年《青年进步》刊登了几幅"青岛少年营"的照片（图186），展示营地全景、礼堂、宿舍和浴场，这正是罗会超参加的少年营。少年营是世界性的，有日本青年会发起的远东国际少年营，中国也有代表团参加，几幅实地摄影的图片见诸1929年9月的《良友》画报。另有青年会世界协会组织的太平洋国际少年营，1937年逢第五届，决定于8月2日至12日在日本举行。四五月间有关传媒预告这次国际少年营将在风景瑰丽的富士山麓驻扎营地，不料发生卢沟桥事变，中方声明拒绝参加。

图186　青岛少年营全景，《青年进步》，1931

与"少年营"不同，"夏令营"一词在民间广泛使用，至四十年代夏令营活动十分繁盛，各种形式都有。青年会也举办夏令营，常在前面加"少年"或"青年"两字。1935年9月《良友》刊出两整版照片，是关于在浙江奉化溪口举办的少年夏令营的报道，由上海青年会组织，但有别于同年8月在青岛举办的国际少年夏令营。

虹口游泳池大约是上海最早向公众开放的游泳池，它不会被媒体冷落，因为在公众记忆里它与夏日里爽快联系在一起。下图（图187）为虹口游泳池一景，出现在周瘦鹃主编的《新家庭》1931年7月号里。走笔至此，笔者想起小时候住在石门一路，转弯走到南京路上不远便是新成游泳池，大约是二十世纪

图187　丁悚摄，虹口游泳池，《新家庭》，1931年7月

六十年代初，记忆里也是夏天，池里好像全是人，几无插锥之地，怎么学游泳反倒记不大清了。

杨秀琼：风口浪尖的美人鱼

杨秀琼为中国游泳史留下了一段难忘的传奇，短短三四年里如一颗灿烂的明星串起却旋起旋灭，举一些图像资料可见当时她如何陷入各种权力关系撕扯的旋涡，留下的不只一声叹息。

杨秀琼生于1918年，广东东莞人，小时候和她的姐弟一起在其父杨柱南的指导下学习游泳，杨家在粤澳港一带有"游泳家庭"之称。后来杨柱南带全家迁往香港在某机构任职，继续训练子女游泳，秀琼的成绩最为突出。1930年在香港举行的游泳公开赛中她一举夺得五十米和一百米自由泳冠军。次年在香港与九龙之间的横渡竞赛中，杨秀琼又勇夺桂冠。

1933年6月杨秀琼登上《良友》画报的封面（图188），这大概是她初次在国内媒体亮相。《良友》一向消息灵通，对她在香港的名声应当有所风闻，再一方面从二十年代末以来，在上海女子游泳成为一种时髦，每到夏季大小报刊争相捕捉她们在泳池浴场的靓丽倩影，有愈演愈烈之势。而这位来自广东的游泳小将长得眉清目秀，身材健美，泳装港气，十分抢镜。

图 188　杨秀琼女士,《良友》1933 年 6 月

　　不料这个才十五岁的女孩一路飙发,势如破竹。1933 年 10 月,在南京举办的全国第五届运动会上,杨秀琼代表香港队获得五十米与一白米自由式、百米仰泳、二百米俯泳四项第一名,包揽了女子游泳冠军,遂一鸣惊人,"美人鱼"的绰号不知谁给取的,却家喻户晓(图 189)。

图 189　包揽女子游泳冠军之美人鱼杨秀琼,《良友》, 1933 年 11 月

其实这届运动会的上海女子队表现优秀,赢得排球、田径和篮球等项目的锦标,但在《良友》的画面上她们都被当作杨秀琼的背景。媒体报道有偏心,那不光是杨秀琼的成绩出奇的好,且长得年轻漂亮。香港女子仅赢得游泳锦标,单是这一排港女也大有吸睛之效,无怪乎不吝版面(图 190),当然归根到底是女子的身体政治在起作用。煽起阵阵狂热另有原因。种种传闻不胫而走,如蒋介石和宋美龄看了杨秀琼的比赛,宋美龄认她为干女儿,还送了她一辆美国紫竹牌小轿车。行政院秘书长褚民谊对她特别优待,亲自用车来回接送。身居高位的难免

图 190　参赛的香港女子游泳队,《文华》, 1933 年 11 月

有个人喜好, 投手举足富于仪式感, 在对杨秀琼特别重视之中隐含女子游泳的政治象征的意涵。

国民党定都南京不久即把发展体育列入民族国家建设的议程, 并制定发布了一系列规划和命令, 体育活动在各省纷纷开展。原来打算在 1931 年在南京举办全国运动会, 因"九一八"事变、"一·二八"事变相继发生, 遂延至 1933 年"双十节"举行, 并决定为之大兴土木, 花费一百四十万元建造了中央体育场（图 191, 图 192）。

发展体育不仅有关党国政权合法性, 也是打造民族形象的

图 191　中央体育场之鸟瞰，4 号为游泳池，《文华》，1933 年 10 月

图 192　中央体育场游泳池，《良友》，1933 年 11 月

现代性工程，当然努力目标是进军国际运动会。1913年菲律宾发起首届远东运动会，中日两国均参加。此后每隔两年举办一次，1930年起改为四年。比赛项目包括田径、游泳、排球、足球、篮球、网球等，游泳是中国的弱项，仅在1915年第二届运动会上中国选手李罗伯包揽了各项游泳冠军，可说是大获全胜，但其他几届几乎与奖牌无缘，均为日本、菲律宾选手所得。如1925年第五届运动会上中国的游泳选手决赛前均被淘汰，颗粒无收。

因此1933年第五届全国运动会首次把女子游泳列入比赛项目，其意义非同一般。这表明对游泳的重视，所谓"男女平权"也表示妇女地位的提升。这方面泳装女子是个吊诡的窥视焦点，试想二十年代的上海都市风景线上，从"五四"的娜拉出走式的妇女解放、刘海粟美术学校的女子裸体模特儿风波、北伐所推动的妇女剪发与禁止束胸运动乃至好莱坞"肉感"电影长驱直入，无不形构社会潮流的走向，构成大众传媒的女体嘉年华狂欢，而每至夏季女子游泳越来越成为时尚，更因健美和体育而显得名正言顺。

全运会结束后，10月22日铁道部为京沪、津浦两条铁路在浦口由轮渡运载火车举行通车典礼，交通部部长朱家骅致词（图193左上），杨秀琼为典礼剪彩（图193中间）。这说明她得到高层重视，一下子成了全国性名人。

次年杨秀琼代表中国队（图194）参加在马尼拉举行的第十

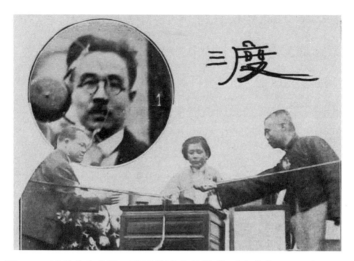

图 193 杨秀琼为京沪、津浦轮渡典礼剪彩,《文华》, 1933 年 11 月

图 194 中国女子游泳队: 刘桂珍、陈焕琼、梁咏娴、杨秀琼

届远东运动会，赢得五十米自由泳、百米自由泳、百米仰泳冠军，在二百米接力游泳中也是她最后成功冲刺而获得冠军（图195），因此报道说："女子游泳我国美人鱼杨秀琼，此次在菲风头大健，包办各项游泳冠军，游泳场中我国国旗屡升，国歌迭奏，观者掌声不绝，为我国在远运会空前所未有，大争国家体面，菲人誉之为'中国小姐'云"。(《勤奋体育月报》，1934年6月)

图195　杨秀琼在第十届远东运动会，《勤奋体育月报》，1934年6月

像往常一样，总体上中国队没多少起色，仅拿了足球一项锦标，其余皆为菲律宾、日本所得，比照之下更显出杨秀琼的分量。

1934 年初蒋介石实行"新生活运动"。远运会之后杨秀琼与其一家受邀请去南昌，7 月 25 日她为新建的新生活俱乐部游泳场开幕礼剪彩，也与姐弟为第一次水上运动大会作表演。然后去庐山游览，随后又到南京作游泳表演。第 92 期《良友》作整版报道："所到之处，大受欢迎，锋头之健。一时无两！"刊出许多照片，包括在南京两姊妹与国民政府主席林森合影，在中央体育场游泳池门口的照片（图 196），她的打扮非常时髦。褚民谊驾车那张（图 197）最有趣，解说词说："杨氏姊妹在京乘坐马车出游，行政院秘书长褚民谊亲为驾车，笑容可掬，'虽执鞭之士，吾亦为之'！褚氏有焉。"这么说比较风趣，此老亲驾马车也真不容易，而坐在车上的是二八佳丽，与"礼贤下士"还不那么熨帖，由不得有人说三道四。

图 196　杨秀琼在中央游泳池门口，《良友》，1934 年 8 月

图 197　褚民谊为杨氏姊妹驾车，《良友》，1934 年 8 月

接下来返港之前经过上海，正逢酷暑八月，5 日至 8 日几天里各团体纷纷设宴招待，各种活动排得满满，说整个上海为之沸腾也不为过。6 日下午杨秀琼与其父亲姐弟在高桥海边浴场游泳，造成"万人争看美人鱼"的轰动场面（图 198）。家人皆穿黑色泳衣，"唯杨则披蓝条浴衣，着蒲草拖鞋，态度风姿，极为娟美"（《国术统一月刊》，1934 年 9 月），然而观众攒动拥簇，秩序失控，不得不折回旅馆，即使在今天大腕明星出席活动也不过如此。终于由警卫开道，在水中由百余游泳健将伴游，梢作表演已夕阳西下，结果"未能餍足期望"。一连数日青年会表演、拜会市长、赴名流宴会等应酬，不下十几档节目，以致杨秀琼累到称病。

图198 杨秀琼在高桥海水浴场之游泳,《勤奋体育月报》, 1934

不知何故在《良友》的整版照片和报道中没提到其父杨柱南, 而在上海他一直在杨秀琼左右, 频频出镜。像广东同乡会的欢迎会（图199）他当然要出席, 7日下午他出面在冠生园设宴招待各界人士七十余人。

在上海杨秀琼得到一个"肉体火轮船"的新绰号, 不那么好听。当然记者不会放过问她的感情生活, 她落落大方说: "余以年事尚轻, 正在求学时期, 对此目前尚谈不到。"（《国术统一月刊》, 1934年9月）

杨秀琼这几日有一项活动值得一提, 即陆礼华邀请她去江湾参观了两江女子体育专科学校, 陆是个传奇人物, 自1922年创办该校之后培养了大量体育人才, 曾带领学校的女子篮球队

图 199　在广东同乡会欢迎席上演说，《勤奋体育月报》1934 年 1 卷 11 期

去日本参加比赛，因此名闻遐迩。学校也有游泳班，1930 年《良友》画报就刊出她们的照片（图 200），其实看上去颜值都蛮登样，欠的是技术高手指导吧。

　　1934 年底《良友》刊出一张"标准女性"图（图 201），杨秀琼与宋美龄、胡蝶、何香凝、丁玲、哈同夫人等十位女性并列，从照片看不是以颜值，而是以个人的特殊成就为"标准"，无疑都是大众偶像。有意思的是杨秀琼居顶端，宋美龄在底层，遥遥相对，不管编者有意无意，从两人地位来说，颇有头重脚轻的样子。事实上此时杨秀琼年少得志，名声如日中天，却高

图 200　两江女子体育学校学生之泅泳生活，《良友》，1930 年 8 月

图 201　标准女性，《良友》，1934 年 12 月

处不胜寒。所谓"名流"也意味着名声的流动性，有的长些有的短些，但是杨秀琼好似身处高危地带，此后便开始滑坡，名声来得快去得更快，都是创纪录的。

　　1935年10月第六届全国运动会在上海举行，女子游泳的成绩普遍提高，杨秀琼、刘桂珍、陈焕琼皆破远东运动会纪录，但杨秀琼的表现却不尽如人意，得了百米自由式和仰泳两项冠军，五十米自由泳输于刘桂珍。摄影镜头记录了杨秀琼游至终点面露失望的一刻（图202），虽说胜败乃兵家常事，但杨秀琼好像鼓足的风帆却意外触礁，心理不免蒙上阴影。的确这个五十米自由泳似乎特别引人瞩目，《良友》画报和《东方杂志》特别制作的《全运会

图202　杨秀琼获五十米第二名到达终点时留影，《全运会画刊》，第9期

画刊》里刘桂珍大出风头，可看到王正廷在为她颁奖，也可看到刘桂珍站在一架摄影机之前，是一家电影公司在拍摄全运会的有声片（图203）。杨秀琼的忠粉们对此更难接受，因为在她身上倾注的期望太多，只许好不许坏，其实也是一种自我的镜像投射。

图203　为刘桂珍拍摄有声电影，《全运会画刊》，第9期

　　不能说媒体是势利眼，情况复杂得多。媒体大肆追星杨秀琼时已经暗流汹涌。就在开全运会的当口，《中国漫画》杂志封面是一幅汪子美的题为"跳龙门"的漫画（图204），显然是美

人鱼杨秀琼，杂志内页也有杨的游泳照片，解说曰："现在出风头的唯有是她，'双十节'画刊上刊登她的照片，似乎此翻印模糊不清的烈士照片来得起劲，千百万小民崇仰烈士们的心，也似乎转而于她了，唐人有谣：生男勿喜欢，生女勿酸悲。"尽管杨秀琼的赛事失利，仍占据大小媒体的中心，这幅漫画对这种现象不满，说在"双十节"比革命烈士还吃香，意谓不符合政

图204　汪子美，跳龙门，《中国漫画》1935年10月

治正确。再来看封面就含有讽刺，把美人鱼画成裸体，意思是杨秀琼爆得大名更是靠她的色相。同一月《十日杂志》也以杨秀琼做封面（图205），是鲁少飞的一幅漫画，画她插着一对大翅膀，左翅膀上写道"杨秀琼小姐在现在，已被捧成为仙人了！"下面是全国运动会的旗帜，她一个人怎能代表全运会？意思是被这

图205　鲁少飞，杨秀琼小姐被捧成为仙人了，《十日杂志》，1935年10月

么捧上了天，完全离谱，也是对大众的狂热崇拜表示不满。

两个封面貌似吹捧，却暗藏玄机。汪子美和鲁少飞都是著名漫画家，当时《时代漫画》《中国漫画》等在市民当中颇有影响，乍看内容无非是都市风情名流时尚，满纸香艳烟云肉感气息，而为它们创作的一批漫画家自称"吉卜赛群落"，具有另类倾向，通过漫画手法对蒋介石、汪精卫等民国政要以及都市风尚加以讽刺，用现在的网络流行语来说颇有"愤青""吐槽""屌丝"意味。他们对杨秀琼不满，也是因为政要上层褚民谊之流的过度热情，如1934年1月《时代漫画》的创刊号上有徐心芹的《时代小姐的将来》一文，把杨秀琼、王人美、胡蝶等并列为"时代小姐"，讨论她们的婚姻问题时说："不久以前报纸上喧腾着号称'美人鱼'的杨秀琼小姐，差一点蒙了'作人妾'的不白之冤。"为此张光宇作了一幅《观鱼图》，汪精卫只能眼睁睁看着鱼缸里的美人鱼，就是讽刺这件事。

不过，对杨秀琼最具杀伤力的大约数这幅了（图206），也是鲁少飞画的，题为"蛋的时髦"，作为《时代漫画》第29期的封底，其时在德国举行的第十一届奥林匹克运动会刚结束。中国花费二十万元派出七十余名选手，杨秀琼是唯一的女子游泳选手，结果败北。画面上杨秀琼身边一个盘子里有两只蛋，意谓她参加了百米自由泳和百米仰泳两项比赛，都得了零分。"时髦"两字

图 206　鲁少飞，蛋的时髦，《时代漫画》，1936 年 8 月

体现了漫画家的成见，不光指她被捧得太高，也有一种说法是
杨秀琼喜出风头应酬太多，因此疏于业务。其实她的百米自由
泳成绩是一分二十三秒，百米仰泳成绩为一分三十七秒，均打
破自己保持的国内纪录，不能说没有进步，而奥运会女子百米
自由泳由荷兰的卡姆培获得，成绩为一分六秒四，百米仰泳由荷

兰的孙夫获得，成绩为一分十八秒九，的确杨秀琼与之相差过于悬殊。一种说法是中国选手信息滞后，对于国际上比赛情况一无所知，心理上根本没有准备。杨秀琼没得奖，国人很感挫败，但像鲁少飞的挖苦还带有道德上的讽刺，也显得过火。

此后关于杨秀琼的故事说法不一。总之，她在这几年里波澜迭起，像一条砧板上的美人鱼被各种权力撕扯，从军政界、媒体到大众消费都恨不得把她割了一块去——以国家荣誉、健美强身的美好名义。

海水浴与日光浴

去游泳池是为了健身，或戏水玩乐，在海水浴场也可游泳戏水，更与消夏疗养、名胜景点与度假旅游连在一起。最初人们认为海水浴能够治疗皮肤病，有利身体健康，据维基百科，十七世纪在欧洲沿海区域出现海水浴场，至十八世纪末流行于欧洲各国，二十世纪遍及于世界各国。1908 年《重庆商会公报》有《海水浴之功效》一文，说海水含有盐分，对皮肤造成刺激而能起到增强抵抗力的作用，并介绍·些有关季节、水温等基本知识。1918 年 11 月《东方杂志》从日本卫生杂志转译了《海水浴之效能及其注意》一文，叙述海水浴的历史："以海水浴为卫生之法者，始自欧洲十八世纪之中，欧洲诸国中，尤以英国为先导，今之菩拉脱恩，即彼最古之海水浴场也。继英而起者为法，当一千七百六十七年时，广设海水浴场于国内，其次为德为比，当一千七百九十四年迄一千八百零一年间，亦先后设置海水浴场。当是时，海水浴流行颇盛，统计每年浴客达二万人以上……今则无内海大洋之区别，凡大水之滨，概有浴场之设置也。"

图 207　英国威尔士中部卡鼎根海湾的海水浴场，约 1800 年，维基百科

　　我们可看到维基百科上英国威尔士中部卡鼎根海湾的海水浴场的图片（图 207），在十九世纪初，看上去较为原始，有轮子的小屋子（bathing machine）直译为"浴场机器"，为浴者换

衣服的场所，虽然那时的浴者几乎是裸体。1911年《东方杂志》上一张"比利时鄂斯登之海水浴场"的图片显示，设施已成规模，应当在十九世纪后期了，浴场机器成排并列着，女子泳装也已几经变化了。

比海水浴知识信息更多的是视觉图像，1911年《小说时报》和《小说月报》等小说杂志陆续刊出所谓"东西美人海水浴"的图像（图208、图209、图210），有英国、法国、德国、西班牙的，更多是日本的"美人"。时值清末民初之交，这两份小说杂志标志着上海新一波通俗文学杂志的兴起，已出现转向都市日常生活与娱乐消费的倾向，刊出的照片多为妓女，鼓吹时装新风尚，以前是石印，现在照相制版与印刷质量更为精良。这么大量刊登各国海水浴女子的图像，很可能来自外国明信片或时尚杂志，无疑十分吸睛，有利于杂志销售。当然重点不仅仅在海水浴或泳装，因为这些东西对于中国人来说还可望而不可即，如果二十年之后无论在海水浴场还是游泳池到处可见中国女子的身影，那么这些图片的"东西美人"就带有预言中国未来的意思了，对女子解放来说不啻扮演了先锋角色。值得注意的是《小说时报》还刊出"日本海水浴之裸体美人"图，它和《小说月报》同时都在刊登法国博物馆里的裸体女子的名画，以现代艺术观念来冲击中国的传统观念，以逆袭的方式鼓励女子走向新的社会空间。

图 208　日本美人花子,《小说时报》,1911

图 209　英国美人弗德,《小说时报》,1911

法国女子之海水浴者 德国女子之海水浴者

图210　法国、德国女子之海水浴,《小说时报》,1911

　　这些图片没标明来源出处,但图中各国女子的浴衣各有特色,各自经历了一番历史变迁。随着海水浴渐渐流行,当地行政部门采取安全措施,于是有了急救设备和救生员,就像一张1840年代法国布洛涅海水浴场的图片(图211)所示,一个救生员救起了一个女子。

　　海水浴场里男女混杂,当局考虑到道德风化问题,于是产生了专门给海水浴者换衣的"浴场机器",如图212女子从车厢里下来,男的伸开双臂说:"别害怕!"

(Baigneur faisant prendre la lame.)

图 211　法国布洛涅的海水浴场，20 世纪 40 年代，维基百科

5505 DONT BE AFRAID

图 212　浴场机器，1910 年左右，维基百科

因此也对男女游泳衣的式样作了规定，下面这两张照片，一张是 1858 年英国女子的泳衣（图 213），一张是 1898 年法国女子的泳衣（图 214），虽然相差半个世纪，还是能看出保守与开放的不同习俗与风貌。但是《小说时报》1911 年的"英国女子弗德"的泳衣与十九世纪末法国女子穿的几乎一模一样，可能与法国的同化了？而许多日本女子的泳衣大概是照抄德国的（图 215）。

图 213　英国女子泳衣，1858

图 214　法国女子泳衣，1898

图215　日本妇女海水浴图,《余兴》, 1916

　　1933 年 7 月 26 日《慈航画报》上《说海水浴》一文说:"现在中国沿江沿海的口岸有西人的地方,都有海水浴场,中国人也可洗浴。"又说:"最近以来风气大开,通商口岸,也大改良卫生的方法,也学西国男女的海水浴了。"(第 4 期)这说法不差,三十年代关于海水浴的报道和图像(图216,图217)明显增多,可看到普陀山、秦皇岛、北戴河、广州等地都有海水浴场。

图 216　烟台东沙滩之海水浴场，《会报》，1934

图 217　（广东中山）港湾之沙滩，天然之海水浴场，《良友》，1930

当然数青岛的海水浴场驰誉中外，1935年《青岛画报》上《避暑胜地之青岛》，说有汇泉、太平路、湛山和山海关路四大浴场，其中最大的是汇泉海水浴场。《百度》说早在1905年德国人就在该处建造"斯特兰饭店"接待国外游客，1921年达16791人次。这个数字与当时报道有出入，如1924年《学生杂志》说"每年夏季能招来自东洋各地避暑之西洋人达千五百名"。1934年《铁展》画报替汇泉海水浴场做广告（图218）："汇泉海水浴场每年夏季各地人士来此避暑者约数千人，胶济路及招商局特发售避暑减价车票船票，七八两月海潮平静温和，最宜游泳。"

图218　汇泉海水浴场，《铁展》，1934

一到夏季各种报刊媒体便掀起女体消费的狂欢，当"海水浴"与"游泳"联手，都市与海滩、健身与消闲交相辉映，使内容与景观更为多姿多彩，也标志着经济生活与消费方式的现代性进展。去海滨浴场也可锻炼游泳，如组织少年夏令营去青岛便是一举两得之例，但对于都市大众来说海水浴更令人神往，1935年《良友》画报上一幅巴黎美女穿着泳衣走秀的照片（图219），其实是在游泳池拍摄的，她们所穿的与一般泳衣没什么两样，说这些是"海水浴衣"大约更有魅力吧。

图219　巴黎普尔节，美女表演今年最流行海水浴衣之行列，《良友》，1935

1927年《妇女杂志》出现《妇女的海水浴与温水浴》一文，提醒妇女对海水浴应当慎重，如有疾病或怀孕、来月经的妇女最好做温水浴。大约女性泡海水浴成为时尚，所以文章有所针对。媒体仍在介绍日本海水浴场，但更多是本国各地的海水浴场。也仍在介绍好莱坞明星，如这幅沙滩上的著名艳星丽塔·海娃丝在晒她的美腿（图220）。但不再是好莱坞明星独领风骚了，更多是本地的明星，如二十年代初就以"FF女士"著称的殷明珠，因主演最早的故事片《海誓》而成为中国第一位女明星。她一向以作风大胆著称，由这一幅她在沙滩上全裸后背的照片可见一斑（图221）。当然，除了这些影星名流，海水浴场中不乏普通妇女的身影（图222）。

图220　好莱坞性感明星丽塔·海娃丝在海水浴，《影报画刊》，1929

图 221　但杜宇夫人殷明珠,《电影月刊》, 1932

濱之陀普

图 222　普陀之滨,《良友》, 1932

海水浴渐渐流行起来，铁路交通也渐渐发达，但大多数上海人不是想去就能去，不由得遥想各地海水浴场而兴叹了，因此1932年7月起建成开放的高桥海水浴场（图223）倒也可解解馋。每当夏季，"标题党"就使出浑身解数，免不了像"到高桥洗海水浴去！""女明星大集会：浦东海水浴场！"之类的标题出现在报纸上，传达了兴高采烈的气氛。我们前面讲过《文华》杂志所做的报道，联华电影公司的数十个导演、演员去参加了开幕式，其中最受媒体关注的是殷明珠、金焰、王人美、陈燕燕等人。殷明珠的丈夫是名导演但杜宇，已有两个孩子，身材保持得很好，那天在浴场拍了不少照片在各种刊物刊出，如在《电影月刊》刊登的一张题为"健美的典型"的照片（图224）。此

图223　高桥海水浴场临时帐篷，《中华》，1933

聯華明星殷明珠　　　　　　　沈劢韮攝於高橋海濱浴場

图 224　殷明珠在高桥海滨浴场,《电影月刊》, 1932

后这个高桥浴场成为一些电影明星常去的地方，据记者观察，影星中分成两派，如王人美、陈燕燕等影坛新秀思想开放、个性活泼，喜欢去海水浴场（图 225），另如胡蝶、梁赛珍等更喜欢去跳舞场。

有时与海水浴一起会连带提到"日光浴"，如 1932 年《小世界图画半月刊》说："海水浴对于人身固然有益，但日光对于人身亦为重要，故欧美各国对于日光浴非常之重视也。"如这张题为"日光浴与海水浴"的图片（图 226），沙滩上很是拥挤，

图 225 黎莉莉、陈燕燕、王人美在高桥海水浴场,《中华》, 1933

图 226 日光浴与海水浴,《小世界图画半月刊》, 1932 年第 10 期

当然只要不是在水中的，无论站着、坐着还是躺着都算是"日光浴"（图227）。在高桥海水浴场，"也有很多兴致好的人，自上海赶去凑热闹，或者去洗太阳浴。有的便赤裸裸地躺在沙滩上，让海风、阳光抚慰身体"（《上海特写》，1946年12期）。其实"日光浴"只是晒晒太阳而已，没什么高深的道理，然而在胡华荣的漫画里（图228），海水浴场变成陆上和水中两个世界，分别在遭受旱灾与水灾。漫画题为"日光浴与海水浴"，显然含有对比之意，如果对那些享受海水与日光的人意含讽刺的话，就未免有点苛刻了。

图227　青岛海水浴场沙滩上之日光浴，《中国大观图画年鉴》，1930

图 228　胡华荣，日光浴与海水浴，《论语》，1935

杨贵妃

杨贵妃的故事家喻户晓，与她有关的图像很多，不妨从鲁迅说起。根据其好友孙伏园在二十世纪四十年代刊登在民国小报《文坛》上的一篇文章（图 229），鲁迅在 1921 年曾有写《杨贵妃》剧本的计划。缘何鲁迅对杨贵妃有如此兴趣？孙伏园认为，源自鲁迅对中国传统文化，尤其是唐代文明的欣赏。唐代是一个多民族融合、气象包容的帝国。鲁迅打算用近代心理学研究做线索，写唐明皇和杨贵妃的故事。在十年之后，鲁迅去陕西讲学，顺路考察了杨贵妃的故迹，结果感到失望。甚至把原有的一些想象都打破了，剧本也没有了下文。

如果鲁迅当时见到杨贵妃的遗迹，应当是怎样的？据 1930 年《文华艺术月刊》的报道，杨贵妃的墓碑在陕西兴平以西的马嵬坡（图 230），已是破败不堪，墓正在修。

图 229　孙伏园《杨贵妃》,《文坛》, 1942 年

图 230　田杰生摄, 马嵬坡之贵妃墓,《文华艺术月刊》, 1930

陝西臨潼山宮消故，在楊妃浴處
陝西臨潼驪行華池址卻昔賞出之

Site of the famous Hua Ching
pond in Lintung, Shensi.

图 231　骊山华清池故址,《良友》, 1933

　　1933 年的《良友》画报刊登了修复完成的骊山华清池外牌楼（图 231），不知鲁迅是否见到。关于杨贵妃的故事，正史野史都有记载。文学作品中最著名是白居易的《长恨歌》，这一首歌行体长诗讲述了杨贵妃的一生，其中"春寒赐浴华清池，温泉水滑洗凝脂。侍儿扶起娇无力，始是新承恩泽时"引起了后人无尽的想象。"云鬓花颜金步摇，芙蓉帐暖度春宵。春宵苦短日高起，从此君王不早朝。"唐明皇因为杨贵妃，把国事置于脑后，因此发生安禄山兵变，大唐从此一落千丈。除了《长恨歌》，清代洪昇的《长生殿》也十分著名，尤其对《长恨歌》后半部分作了充分演绎，讲述安禄山叛变被镇压，唐明皇回到长安，对贵妃思念不已，为她招魂，打动了上天。两人在天上重逢，长相厮守，永不分离。

到了二十世纪上半叶，杨贵妃传奇转化为种类繁杂的艺术表现。在不同故事脉络中，杨贵妃成了一个消费符号和城市景观的一个部分。

上海开埠于1843年，到了二十世纪二三十年代被称为"东方的巴黎"，其繁华媲美纽约、伦敦、巴黎。杨贵妃通过小报上的一段传闻或者是一个图像，成为大众的周末消遣，她所担负的是国家民族的想象，也是日常欲望的释放，并在"魔都"的活色生香的风景线上不断延伸。

如果说杨贵妃的故事来自传统，"五四"新文化认为传统是站在现代的对立面的，那么，杨贵妃缘何在现代被不断地重新生产、传播，而且成为各类艺术作品取之不竭的灵感源泉？可以说，杨贵妃代表了传统中仍然可以激发起人的感情和艺术想象的内容。她的故事也告诉我们传统不可能消失，却可以转化成种种现代的形式。

"杨妃出浴"与全球流通

"出浴"一词的原意如《汉语大词典》解释："洗浴完毕。"

宋代陆游《晚兴》诗曰："小蹇追凉处，轻衫出浴初。"《水浒传》第二二回："〔柴进〕随即将出两套衣服、巾帻、丝鞋、净袜，教宋江兄弟两个换了出浴的旧衣裳。"（页947）其实"出浴"内容有不少与上面讲的"游泳"相关，这里则描述近代以来由"杨贵妃"所产生的景观。

《申报》自1872年创刊伊始便开辟诗文园地，常刊登竹枝词，描写十里洋场的时髦风情，可说是海派文学的一个源头了。1874年12月1日洛如花馆主人的《续春申浦竹枝词》中有一首有关杨贵妃："太真酥乳小蛮腰，异种妖娆别样娇。大菜完时刚出浴，一双大体尽偷瞧。"注曰："西妓所设盛馔名曰大菜，每与客接，先以冷水洗浴，后进秘戏图册，任客选样仿行。"自十九世纪中期上海开埠之后，加速进入全球经济与文化交流的进程，在半殖民管治下作为"销金窝"的青楼业迅速发展，"西妓"来到上海也是跨国资本流通的表征。这首诗以杨贵妃形容西妓，熔古今中外于一炉，也是有趣的跨时空跨文化现象。诗中"出浴"一词从白居易《长恨歌》的"春寒赐浴华清池，温泉水滑洗凝脂"化出，明清以来在词客画家的笔下"出浴"成了杨贵妃的专用词。她的"酥乳"转化为西妓的"一双大体"，经历了"解码"与"编码"的过程，含蓄不露的审美意趣被直白的裸身替代，也是传统与现代、死亡与新生的隐喻。

图 232　谢之光，杨妃出浴图，《世界》，1921 年 1 期

　　谢之光是擅长月份牌与广告的画家。他的《杨妃出浴图》
（图 232）可视作一种从传统到现代的转化的通俗图解。题词
曰："白居易《长恨歌》曰：'春寒赐浴华清池，温泉水滑洗凝
脂。侍儿扶起娇无力，始是新承恩泽时。'于是世间丹青手争绘
杨妃出浴图以为佳话。"这里讲到"出浴"与《长恨歌》的渊源
关系，画中杨贵妃袒露双乳，很像直白的"一双大体"，很能满
足习惯于快餐文化的读者。有意思的是那个在屏风后面偷窥的
婢女，用虚线勾勒，似是传统的影子。

杨贵妃在现代的"满血复活",首先拜赐于她的身体,在历代美女当中含某种异质性,所谓"异种妖娆别样娇"。1913年《游戏杂志》中剑秋的《杨贵妃论》一文把杨贵妃与西施作比较,说根据古籍记载,杨贵妃并非柳腰婀娜,莲步娉婷,她长得肥胖,一双天足,腋下有狐臭,因此"匪但不足称为美人,实一最可厌之丑妇也"。作者以西施为美不足为奇,只是戴着"滑稽文"的面具毫不掩饰对女性身体的凝视,而现代传媒为之提供了公共平台。从一些历史绘画资料我们

知道唐代妇女雍容大气,丰肥瑰丽,审美标准与明清时期不大一样,然而杨贵妃的身体异质却成为价值流通的象征指符,与西方美女重相叠影。与上述洛如花馆主人的竹枝词相似,在1914年的《眉语》杂志里有一幅题为"西方杨妃"的出浴图(图233),似乎只有杨贵妃才具备中西交融的条件,而西施或其他美女就没有这种可能。

图233　西方杨妃出浴图,
《眉语》,1914

"杨妃出浴图"的古今流变

图 234　仇十洲，杨妃出浴图，《小说时报》，1909

明代苏州画家仇英喜画杨妃出浴，1909 年 12 月《小说时报》刊有仇十洲《杨妃出浴图》(图 234)，1918 年第 8 期《小说丛报》有《仇十洲画贵妃出浴图》，与《小说时报》上的不一样。过去这类为士大夫私下观赏的作品，经由现代媒介大量复制而流传于消费市场。

图 235　郑曼陀，杨妃出浴图，1919

郑曼陀在民国初年因裸体画而得名，甚至引起非议。他画有多幅"杨妃出浴图"，此为1919年香烟月份牌所作（图235）。他发明了一种水彩"擦笔法"，使肌肤、衣褶得以立体呈现。画中以轻纱笼罩裸体，隐现单乳颇似欧洲中世纪的圣母，脚穿红鞋，富于世俗的"脂粉气"。

图236　王美沅，杨妃出浴，《艺林月刊》，1934

在1934年《艺林月刊》上有王美沅的《杨妃出浴》图（图236），杨妃与两女官的构图与《小说时报》的仇十洲《杨妃出浴图》相似，对人物姿态等作了改动，可见仇英之作的影响。

图237　王叔晖，杨妃出浴图，1947

王美沅即女画家王叔晖，这幅《杨妃出浴图》据题签"丁亥"（图237），当作于1947年，脱略仿作而自抒创意。她擅长工笔仕女，1949年后创作了大量连环画，以《西厢记》最为著名。

图238　刘既漂，贵妃出浴图，《东方杂志》，1924

1924年《东方杂志》报道了中国旅外画家在法国办的一场展览会，刘既漂的《贵妃出浴图》（图238）是展出作品之一。刘既漂毕业于法国里昂大学，曾任国立杭州艺术专科学校教务长兼建筑设计系主任。这件作品中宫女、屏风和室内摆设等皆显出一种古典氛围，而杨贵妃则全身裸露，如一个仅在现代绘画中才能看到的裸体模特儿，与古代元素形成强烈对照，且占据中间位置，似凸显现代的主体性。因此这幅画具有古今对话、中西合璧的意味。为什么画家选择这件作品在法国展览？一方面杨贵妃虽然属于中国唐代，但她的传奇早就飞出了国界，在日本等国家流传。另一方面，模特儿或裸体艺术发源自西方艺术，进入中国的历史并不长。1912年上海出现美术专科学校，开始学习西画，开设裸体模特写生的课程。这幅作品也可视作中西文化交流的样板，中国画家试图以西画技法表达中国题材，把杨贵妃传奇融入普世艺术潮流中。

图239　王仲年，贵妃出浴，《关声》，1935

王仲年在欧洲学习绘画，曾任捷克斯洛伐克国立艺术学院教授。上面这幅画（图239）与刘既漂的用意相似，不那么生硬。杨贵妃居中，轻纱掩盖裸体，表现"回眸一笑百媚生"的神态，写实中融入工笔传统，而帐帷、屏风、仙鹤、云龙、龙柱、衣冠、发饰等很具装饰性，在中西对话的现代语境里充分而象征地运用了中国元素。

图 240　杨贵妃出浴造像，《国剧画报》，1932

这幅《杨贵妃出浴造像》（图 240）出现在 1932 年《国剧画报》中，齐如山解说道："陕西兴平县西马嵬驿，旧有杨贵妃沐浴造像一座，像系石质，雕镂精绝，不知造自何年。据本地人云，系元明以前之物。此像可惜于数年前，忽然不翼而飞。据人调查，谓系为外人以重金购去。"另一种说法是，此像系唐明皇命画工传绘，由名家雕成，供于马嵬坡贵妃祠中，在1924年被某法商以五万元买去。这幅图是民间流传的影像，面部表情极其生动，惜如此国宝，不知今在何处。

图241　沈均闻，牙雕贵妃出浴及字细如发之《长恨歌》，《中华画报》，1932

上面（图241）是一件牙雕作品，雕刻《长恨歌》全文，笔画细如发丝，代表了传统工艺的水平。

"出浴"的互文之旅

"出浴"一词具有吸睛的效果，通过媒体传播延伸至生活各方面。1911年《东方杂志》"比利时鄂斯登之海水浴场"图（图

图242　比利时鄂斯登之海水浴场，《东方杂志》，1911

242），用"出浴"传递来自欧洲的海水浴新知。到了二十世纪二十年代，上海高桥专门建了一个浴场，成为新的健身和消遣场所。

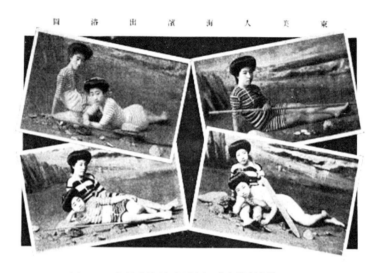

图 243　东美人海滨出浴图，《小说月报》，1911

　　海水浴场不仅是休憩乐地，也是游泳的运动场所。其实，早在 1911 年几张从日本传来的《东美人海滨出浴图》明信片（图 243）就在传播关于游泳的信息，这对当时的中国女子来说是相当遥远的事。到了二十年代末，游泳成为上海女子时尚的标志。女性在泳池或是海滨游泳成了普通场景，还宣传了欧洲、日本女子的泳装样式。

　　1912 年《民权画报》发起"悬赏画"的大众参赛活动，以

图 244 美人海滨出浴图,《民权画报》,1912

"西方美人"为题,数十件作品涉及时事讽刺、民间趣闻等方方面面,琳琅满目。上面这幅"美人海滨出浴图"(图 244)被评为一等,"海滨出浴"显示与前文"东美人海滨出浴图"的互为影响的关系,而西方美人的双乳呈现则跟"裸体"这一概念有关。同在1912 年《小说时报》上就刊有"日本海水浴之裸体美人"的照片(图 245)。更早些,1910 年 6 月《小说时报》刊登了两幅"裸体美人"图,一幅(图 246)是"法国博物院中裸体美人画,价值一百五十万元"；另一幅是"日本裸体美人写影"。

图 245　日本海水浴之裸体美人，《小说时报》，1912 年 1 月

图 246　法国博物院中裸体美人画，《小说时报》，1917

通过这样的图像展示，说明"裸体"代表珍贵价值与人类文明的成就，具有高尚纯洁的意涵，与卑俗的欲望无关。对于受千年礼教约束的中国人来说，接受"裸体"这一观念非同寻常，当然是受了男性窥视欲的推动，却也符合女性走向解放的要求。如1914年创刊的《眉语》是一份主要由女性编辑的杂志，屡次挑战道德底线以裸体画作为杂志封面，其内页照片也有许多裸体画。主编高剑华发表短篇小说《裸体美人语》，以"裸体美人"自喻，象征高洁的人格。结果《眉语》被国民政府以有伤风化为由禁止出版。

从"贵妃出浴"到"海水浴""裸体"，这些语词无不借助图像的力量，诉诸视觉感官。从出版角度看，玩弄文字游戏，尽移花接木之能事，为的是刺激大众的消费欲望，然而从文化价值上则利用日常惯用词语而倾心西化，输入有关女体体育健美、艺术审美等观念，开启了都市日常启蒙与消费的现代性之旅，其影响十分深远。

杨贵妃与陆小曼

中国古代有"四大美女"，民国时代也有四位美女对照，现在对后者普遍形成的共识是林徽因、陆小曼、周璇、阮玲玉四大美女。其中陆小曼与杨贵妃产生关联，实际上是间接的。

1927 年 8 月 7 日，上海出现了一家叫"云裳"的服装公司，位置在如今青海路凤阳路拐角处。"云裳"的开业成了上海的文化事件，《申报》头版刊出广告（图 247），《上海画报》等小报作了全景式报道（图 248）。

图 247 1927 年 8 月 7 日"云裳时装公司"开张

开幕那天，各界名流捧场，陆小曼与徐志摩是焦点人物。1926 年两人在北京各自离婚、相爱、结婚，可谓惊世骇俗，之后双双来到上海。陆小曼在北方便是交际明星，在上海顿时成

图248 云裳公司发起人徐志摩、陆小曼伉俪,《上海画报》,1927年8月12日

为网红明星,风头远盖过徐志摩。他们和留法归来的画家江小鹣、上海著名交际花唐瑛等发起开办云裳公司。此时新新百货公司开张不久,与永安、先施三足鼎立,上海消费文化由是步上新台阶。云裳作为第一家时装公司也是水涨船高,像江小鹣下海从事时装设计,试图融汇国际潮流,提高大众的艺术品位。若把这件事放在新旧文化的历史脉络里来看很有意思,不说徐、陆因为浪漫结合而舆情鼎沸,到上海是为了变换一下环境,胡适也因为北方动乱而暂居上海,他们都受到沪上名流的欢迎。云裳的股东不光有他们,也包括包天笑、周瘦鹃等旧派文人,因此可看作新旧文化的一次汇流,从摩登文化发展的观点看是一种新的契机。

《上海画报》刊登徐志摩、陆小曼的照片，也展示陆小曼所穿的云裳公司出品的新装（图249），为此，画报主笔张丹翁专作《如梦令》一词"题陆小曼女士新装小像"："云裳尔许丽都，花容月下谁如？晚装楼十里，甚帘敢卷真珠，仙乎，仙乎，一时瑜亮唐家。""瑜亮"指她的对手唐瑛，不过就当日陆小曼而言，风头之健一时无二。

"云裳"出自李太白的《清平调》中"云想衣裳花想容"之句，形容杨贵妃的美貌，确实云裳公司的英文名就叫"杨贵妃"。《上海画报》记者的《杨贵妃来沪记》一文说："杨贵妃是唐朝人，怎么会到现在的上海？因为杨贵妃是古代著名最美的美人，云裳公司是上海最美的制衣公司，所以它的外国名字，便叫做阿透利挨杨贵妃（Atelier Yangkweifei），阿透利挨是美术家的制造室，云裳里面有一位从法国和日本专学美术回来的江小鹣先生，心裁独出，花样新翻，近三天来唐瑛、陆小曼二位女

图249 陆小曼女士新装，《上海画报》，1927年8月6日

士和张禹九先生令妹，亲自招待女顾客，或代试鞋样，或代穿新衣……"并宣言云裳公司的宗旨："一、采取世界最流行的装束，参以中国习惯；二、材料尽量采用国货，以外货为辅助品；三、定价力求低廉，以期普及。"可谓尽善至美。

云裳运气不好。借杨贵妃拍个电影演个戏问题不大，作为时装公司却红颜薄命。虽说《上海画报》是小报龙头老大，其他小报《金钢钻》《福尔摩斯》却不买账，跟云裳过不去，指责它价格高昂，崇尚奢侈，普通百姓消费不起，而经理江小鹣不善经营，导致资金周转不灵。说实在的，云裳的设计参考了巴黎、纽约的时尚样式，追求艺术审美，确属高档，但销路有限，买主大约多为交际花、明星或当红妓女，因此半年后便告破产，江小鹣辞职，公司转由徐志摩前任张幼仪经营。

陆小曼在上海异常活跃，热心公益，媒体对她的揄扬不遗余力，其富于个性特色的肖像照频频见刊于《上海画报》。1927年8月初郑毓秀等组织旨在慰问北伐将士的游艺会，陆小曼上台演出京剧，徐志摩等为游艺会制作了一份"特刊"，借机宣传即将开张的云裳公司。此期间为了学戏，她认识了世家子弟翁瑞午，且吸上鸦片。至12月参加美术团体天马会的募捐游艺会，与徐志摩、翁瑞午一起演出《玉堂春》。嗣后在《福尔摩斯》上出现恶劣形容陆与翁的关系的文章，逼得徐、陆诉诸法庭，此事闹得沸沸扬扬，对陆小曼打击不小。此后她深居简出。四年后徐志摩死于飞机失事，她在世人的惋惜中度过余生。

尽管如此，这与杨贵妃并非一回事。陆小曼终究是一个现代女性，面对厄运，始终明白自己的选择，并尽她的道义担当。

杨贵妃艺术产品

"杨妃出浴"关乎身体，而大量有关杨贵妃的作品也涵盖美术、戏剧与电影等领域，更关乎家国与女性命运。虽然《长恨歌》已有这样的主题，而在一本清代《百美图》中可见杨贵妃的接受情况，与她的现代复活形成某种对照。颜希源在江苏如皋等地做官，嘉庆九年（1804）刊印了一部《百美新咏图传》，从历代文史记载中挑出一百位美女，为她们一一作传、题诗，并请画家王翙配上图像，包括袁枚等许多名公才士的诗词作品。作者说自己属于"钟情"之辈，题咏古代美人不过是"闲窗啸吟，偶适己意"，仿佛也在抒发压抑不平之气，不料在朋友中间流传而发生共情，于是表示："天下尤物足以移人者，色而已矣，况诗之为教，可兴可观可群可怨，托深情于毫素，写绝代于千秋，一缕心精，缠绵百结，宁不足以移人者哉。"的确，这番选美深情而纠结，不大容易，古来对"尤物"一向抱有偏见，特别像褒姒、武则天等，更是"红颜祸水"的范本。虽然作者用孔老夫子的"诗教"来戒"色"，含道德教训之意，但实际上爱美之心占了上风，对于褒姒和武则天只从她们的传记中摘录片言只语，不加评判。或为宋代女诗人朱淑真所作的小传抄录她的"人约黄昏后"的那首名作，历来道学之士认为这是描写与人幽会而大加抨击，也有人认为这是欧阳修写的。颜希源显然毫无贬义，反而颇为欣赏。另对崔莺莺也是这样，抄录了她的"待月西厢下"的幽会诗，也包括元稹的赠诗，说明对两人的爱情持赞赏态度。

百美图中当然有杨贵妃（图250）。最有意味的是袁枚的两首诗，其一："五百袈裟回向寺，一枝玉尺有前因。缘何四海风尘日，错怪杨家善女人。"其二："可惜云容出地迟，不将谰语诉人知。唐书新旧分明在，哪有金钱洗禄儿？"意谓杨贵妃是好女人，把她看作祸乱之由是错误的，且史传上没有她跟安禄山的暧昧关系的记载。袁枚是清初的性灵派大诗人，思想较为开明，这两首诗完全在为杨贵妃开脱，对女性明确表示同情，这也很能代表这部图传的基本倾向。

这部图传标榜"袁简斋先生鉴定"，事实上请袁枚站台，他在序言中说."天生人最易，生美人最难。自周秦以来二千年中，美人传者落落无几，岂山川灵秀之气不钟美于巽方耶？抑生长闾阎无甚遭际，遂弊弊然如草亡木卒耶？要知物非美不著，美非文不传，古来和氏之璧、昆吾之剑，皆物之美而仗文士为之表章者也，况人之美者哉。"意谓文人向来喜欢表彰珍稀之物，而美人集天下之灵秀精粹，比珍稀之物更为高贵，为什么千百年来却掩埋不显？所以文人更应该为美人大展文才。袁枚这么说当然比颜希源更有影响力。其他还有七八篇序文，一起来帮腔，抒发他们对美女的一腔向往与热情，应当说在对待女性态度方面意味着某种近代的转向。

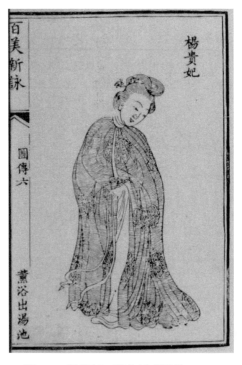

图 250　杨贵妃，百美新咏图传，1804

颜希源的杨贵妃小传曰："《太真外传》：杨贵妃小字玉环，宠倾后宫。上每年冬幸华清宫，宫有端正楼，即贵妃梳洗之所；有莲花池，即贵妃澡浴之室，亦名汤池。白乐天《长恨歌》云：'春寒赐浴华清池，温泉水滑洗凝脂。侍儿扶起娇无力，始是新承恩泽时。'"与袁枚的历史翻案不同，颜希源则难掩其情色的窥视。同样，他的题诗曰："霓裳一曲舞衣轻，含笑秋波百媚生。宫院三千皆国色，春寒独赐浴华清。"的确他自己已老实承认："天下尤物足以移人者，色而已矣。"当然少不了引述或暗用《长恨歌》里富于诱惑的句子，正如这张画像聚焦于杨贵妃"熏浴出汤池"之时，一条缝露出内衣，殊为含蓄，不过在百美当中也只有杨妃才与"浴"相关，其身体动作令人遐想。另外朱洪寅的题诗曰："香肌出浴薄罗轻，欲订他生似此生。作得门楣反误国，雨淋铃夜枉凄清。"把贵妃洗浴这件事看作唐明皇"误国"的关键，这么联想只能说诗人的情色想象比较厉害。诗中使用"出浴"一词，虽然并非第一次出现。

李毅士是最早出国留学的学生之一，1910 年归国后，任教于南京高等师范学校、上海美专等。他擅长用西法画中国历史画，1932 年出版《长恨歌画意》，共二十图，广受欢迎，这很像后来的连环画，其实在 1909 年的《图画日报》中就有拿破仑、罗兰夫人等世界名人的连载图画，即开启了这一样式。其中"华清池赐浴"即所谓"出浴"一幕当然是重头戏。就笔者所见有三个版本，先是1925年8月15日刊于《上海画报》上，又在1926年由《太平洋画报》刊出一彩色稿，这两幅与后来收入画册的都有不同。看来该画册从酝酿到完成经历多年，作者不惮一再修改。

明显修改是在1925年稿中左边的圆柱，1926年改为方柱，至1932年又改为圆柱。另外右边的宫女在1925年与1926年时皆为一年长者，将浴巾平铺在栏杆上，而1932年稿中变成青年宫女，且擎着浴巾。最微妙的是对贵妃裸身的处理，其下身为栏杆柱头所遮蔽，而在1926年稿中露体部分稍多点。其终稿显得更为深思熟虑，尤其是右边宫女与张开的浴巾根据戏剧感，然而仔细看其身高似乎不合比例。

《太平洋画报》的彩色版题为"天宝遗艳"（图251），的确令人惊艳，刘庸熙在《杨妃出浴图记》一文中评论道："出水芙蓉，亭亭玉立，嫛婗情状，历历如绘。真中国历史上第一模特儿也，惜曲线最美一部分，为石栏之小狮所掩，神秘仅见毫末，为大煞风景耳。"因窥私欲未得满足，觉得遗憾。不过这不足为怪，其实要满足的话，一般小报上模特儿、裸体的图像唾手可得。作者凭古吊今，感慨万千，所谓"乐极悲来，伤心往事，琅琊遗迹，凭吊斜阳，而丽人安在哉？后之人欲见而不可

图 251　李毅士，天宝遗艳，《太平洋画报》，1926

得，徒想象于图画中，亦足伤矣。噫！俯仰今古，倾国倾城，
如出一辙，何足深道。昔乐天作《长恨歌》，悱恻缠绵，何等情
韵……惩前毖后之意，何其深且远耶。然则毅士之构此图，不
独珍艺于不朽，亦欲垂戒于将来也。若仅以精美称能，则失之

图252　李毅士,《长恨歌画意》之一，1929

远矣"。对于政局动荡、战祸频仍的民国来说，李毅士作《长
恨歌画意》(图252)当然有现实意义。其实白居易原作的意涵
较为丰富复杂，如刻意描写唐明皇对杨贵妃的思念，直到最后
"在天愿作比翼鸟，在地愿为连理枝。天长地久有时尽，此恨绵

绵无绝期"，对爱情悲剧寄予浪漫想象。《长恨歌画意》逐字逐句演绎了原作，而刘庸熙仅以杨贵妃为中心阐述"惩前毖后"之意，不免"红颜祸水"的老调，也是对《长恨歌》的片面理解。

另有一位日本画家高畠华宵，也是根据《长恨歌》创作了连环画，刊登在1927年的《妇女杂志》上。可见杨贵妃的故事被不断消费，其中包含了那种大众的欲望和人们对美好爱情的憧憬。

图253　梅兰芳，太真外传，《太平洋画报》，1926

在戏剧方面，梅兰芳的《贵妃醉酒》脍炙人口，而少为人知的是在二三十年代其《太真外传》（图 253）风靡一时。其中有华清池赐浴的情节，梅兰芳着薄纱长裙，媒体争相刊出剧照，以"出浴图"为题。

图 254　圣玛利亚女校表演之唐明皇与杨贵妃，《上海画报》，1926

1926 年上海圣玛利亚女校在校园里表演唐明皇和杨贵妃的戏剧（图 254），后来张爱玲在该校就读。还有由魏紫波主持的梅花歌舞团，在二十年代末三十年代初的上海红极一时，也演过一个剧目叫《杨贵妃》。

在电影方面，1927 年一家上海影片公司出品过《杨贵妃》，已失传。导演但杜宇是中国电影的开拓者之一，1921 年导演的《海誓》是部爱情片，其中女主角殷明珠可说是中国最早的女影星，后来成为但杜宇的妻子。但杜宇是学美术出身，画过封面女郎、月份牌或百美图，其影片讲究画面，追求唯美风格。在能见到的他拍摄的《杨贵妃》剧照（图255）中，场景殊为恢宏。这一幕是宫殿里唐明皇坐在上面观看下棋，地面是一个棋盘，人是棋子。实际上十九世纪九十年代的《点石斋画报》里就有相似的图（图256），说浙江一个巨富挥金如土，用这种下棋方式来取乐。另外一部1927年的电影《唐宫艳史杨贵妃》，演杨贵妃的韩云珍是当时的一位很有个性的女明星，扮演的角色多为放荡女人。

图255 《杨贵妃》剧照，但杜宇导演，1927

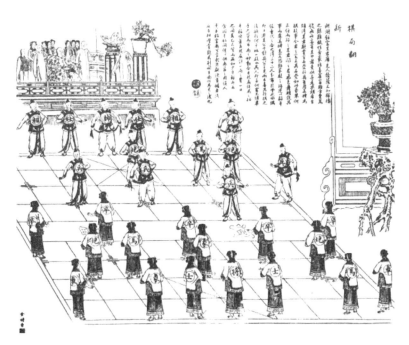

图 256　金蟾香，棋局翻新,《点石斋画报》, 1896

　　至二十世纪四十年代，杨贵妃的题材依旧非常流行，不断引发竞争。对于女演员来说，像杨贵妃这样的美丽形象成为测试艺术天才的某种标志，所以都愿意演，由此来说明自己的艺技。包括京剧名角言慧珠、李玉茹也都演过杨贵妃。

　　当时还有一部电影《北京杨贵妃》(图257)，让杨贵妃化身到现代，成为现实中的女子，主演杨贵妃的杨耐梅是中国早期非常有名的女演员，导演是更为著名的郑正秋，他们都出自明星公司。

图 257 《北京杨贵妃》，郑正秋导演，杨耐梅主演，1928

这部电影讲了北京一个叫杨小真的女子，长得漂亮，偶然认识了一个有志青年并相爱了。青年规劝杨小真走上正途，她非常感动。两人私下订婚，却遭到杨小真父母坚决反对，婚姻告吹。因为婚姻上的挫折，杨小真自甘堕落做交际花，跟有权有势的阶层作感情买卖，她父母也趁机赚钱。后来有一个叫赵大帅的军阀看中杨小真，想让她做小妾，此时他正好逮捕了一个革命党人，正是此前与杨小真相爱的青年，两人演绎了古代的才子佳人的老套故事。

片中，杨耐梅扮演了一个堕落女性，有些放浪形骸的场景。她妆容华丽、满身珠宝，影片中的她也是各种造型，等于现实中的杨贵妃的化身。

按理说《北京杨贵妃》也无非是借着杨贵妃的名头来做宣传，但是有趣的是现实中的杨耐梅是一个性格豪爽、个性独立的现代女性，她后来跟明星公司闹翻，成为独立制片人，二十年代末成立电影公司，自拍了一部《奇女子》，跟她的生平有很大的重叠。虽然这部电影拍得艰难，但是她本人成为当时独立女性的榜样。

杨贵妃在民国时代经久不衰，杨妃出浴图层出不穷，张大千等艺术名家无不染指，借美人印刻个人风格。"出浴"一词更流转于各类艺术制品，但涉及海滩水边、浴场浴缸，皆成为狗仔猎物，不光女性，即使是八十岁的萧伯纳，也逃不过"出浴"标题，似乎不脱不成其为"大师"。这里不能囊括全部，仅从各类型选取具代表性的。

杨贵妃的现代复活能说明什么？这离不开《长恨歌》。在古代诗人当中，具有白居易那样智商情商的不多。《长恨歌》有两点，一是杨贵妃之美，一是唐明皇之情。写杨贵妃"倾国倾城"即便有"红颜祸水"的意思，也为"天长地久"的爱情祈愿所消解。如果作品有一股酸腐气，不会传诵至今，因此杨贵妃是魂附文学经典。所谓"现代"并非干燥的概念，而像一个欲望滤镜，明清以来的骚人词客从"赐浴""凝脂"提炼成"出浴"，有关杨贵妃出浴的诗画数不胜数，至清末民初之交突破话语场域，蔓延为"海滨出浴"，又为"裸体美人"。"出浴"有其自身的欲望轨道，与辛亥革命擦肩而过，传统如长河，生命在于流动，否则谈不上传统，其实流动常属偶然，所谓"现代"只是人为附会价值的意义。

在民国时代的摩登上海，"杨贵妃"构成一道色彩斑斓的时尚风景，浓情蜜意中夹杂危机与伤感，与其他"肉感""香艳"等指符在都市的喧嚣、嘈杂空间中合奏交响，颠簸着为力比多驱动的感官、情绪与欲望的脉流，闪烁着艺术狂想与创造的烟火，在机制层面上受制于政治、经济与媒介等条件，既受外在道德教化的规范，也受内在的自尊、礼仪与体面的约束，在话语层面上与帝国主义、民族主义、革命、战争乃至女性解放等议程一起滚动，九九归一朝向文明规训与建设之途。

富春老六

陆灏先生的《听水读钞》是一本关于文史掌故的阅读笔记，常于不经言处拈出片言只语或逸闻逸事，略加考索点评，隽永有味，读来令人莞尔。见到书中"富春老六"这一篇，不禁眼皮一跳。近时半谋食半消遣翻阅了一些老旧报纸，"富春楼""富春六娘"等时现眼屏，尤其在二十世纪二十年代末的上海，作为"花国大王"，也是个新闻人物。而她的一些照片常置于榜首，对其容貌可见仁见智，但那种时尚做派说是艳冠群芳也不为过。

有关富春老六的一段传奇是：1927年北伐之师逼近上海时，张作霖派遣手下骁将第八军军长渤海舰队司令毕庶澄率部增援，不料一到上海就被富春老六迷倒，以致一败涂地仓皇北逃。金雄白在《记者生涯五十年》一书中说："虽然毕庶澄的部队，本不堪党军的一击，但如他不因富春楼老六为之迷乱颠倒，则淞沪战役就不会那么轻易结束。所以写北伐史，富春老六似有其

'汗马'之功。"

这件事确实播之人口，为她表功倒未必。1927 年 10 月 1 日笑舞台推出新戏《毕庶澄》，连演八天，可见受到欢迎。没见有关介绍或评论，从广告上不列演员名单这一点看，无名角撑场，想必全靠"因富春楼老六为之迷乱颠倒"的情节了。1927 年 10 月 24 日《上海画报》刊出富春老六一近照，解说道："笑舞台排演毕庶澄剧，富未往观，稔客某告以所言情节，乃笑不可抑，并未如外间所传观之痛哭也。"富六没去看戏，从一个熟客那儿得知剧情，所谓"痛哭"必定是演到兵临城下毕氏仓皇逃离之时，她伤心欲绝，风流将军依依不舍，多半是霸王别姬之类的桥段方能使观众过瘾。其实这位毕庶澄三十出头，如果网上的照片是真的话，也是一表人才倜傥风流，与富六的浓情蜜意更有戏。

富六的反应极其有趣，说她并未"痛哭"，不属鸳鸯蝴蝶派小说里才子佳人的类型，有违大众期待，且对于舞台上这么搬演"乃笑不可抑"，活脱一副没心没肺的样子，比照戏剧，这真人一幕更为生动，大有"反高潮"腔势。

在毕庶澄来沪之前，1926 年 6 月《太平洋画报》创刊号刊出"名花富春楼"的照片（图 258）。托腮斜靠是模仿晚清长三堂子的姿势，在吴友如的《飞影阁画册》中或在近年出版的晚清明信片及叶凯蒂的《上海·爱》一书"魔都"可看到。这张

图 258 名花富春楼,《太平洋画报》, 1926 年 6 月

照片应当在照相馆拍摄,但处理得很简洁,毫无花饰的背景,凸现主体具现代手法。她身穿早期样式的旗袍,二十年后张爱玲也穿过,更具个性化夸张。那双脚已是天足,而尖头皮鞋似有金莲意味。这款式在六十年代初的上海及后来的香港都很流行。

　　当时上海流行画报,《太平洋画报》图文并茂,印制精良,为之撰稿的包天笑、顾明道、程小青等皆为旧派文人,也刊登妓女照,包括西画国画摄影电影等,画家皆一时之选,创刊号上李毅士的三色版《天宝遗艳》,即其著名的杨贵妃出浴图,张光宇的《兰闺试毫》描绘的是女画家在闺房里给模特儿写生,还有黄文农的题为"中国领土内之怪物"的漫画，画一个象征外来势力的火车头，显然是配合北伐反帝口号之作。《太平洋画报》是月刊，创办者韩啸虎在 8 月另创《小日报》，大约忙不过来，画报没几期就停刊了，郑逸梅在《民国旧派文艺期刊丛话》中说画报出版四十天后停刊，笔者看到四期（魏绍昌、吴承惠编《鸳鸯蝴蝶派研究资料》，上海文艺出版社，1984，页 445）。

图 259　苏州天平山留影,《上海画报》, 1926

1926 年 5 月 16 日，在被称为引领"画报潮"的《上海画报》上有周瘦鹃《天平俊游记》一文，讲 5 月初他与包天笑去苏州与"星社"朋友范烟桥、陶冷月、郑逸梅等十余人乘画舫游天平山（图 259）。"舫属名倡富春楼家，闳丽为诸画舫冠"，可看出富春楼的高级长三的身价，"船菜本有名吴中，是日所制尤可口"，富春楼与三四位陪酒，"伺应甚周至，而吴侬软语，尤呖呖犹啼莺也"。饭后男女一起在船中游至天平山，所谓"小舸载艳，一水皆香已"，带点名士情调，香艳套路。他们与富春楼等留影，从右到左依次为：陶冷月、尤半狂、程瞻庐、黄转陶、富春楼、周瘦鹃、包天笑、白梅花、郑逸梅、镜花四娘、吴闻天与范烟桥。

图 260　未发迹时苏台垂钓之富春楼，《上海画报》，1927

富六有派头，在周氏眼中"舫中诸联皆俗，惟'花为四壁'一额尚佳"，其品位略为掉价。有人说晚清林黛玉、张书玉等"四大金刚"的取名就不及晚明李香君、柳如是等那么雅致，到民国以老三老四排行称呼，文化素质愈差。且民国以来上海妓业每况愈下，1920年年底工部局以抽签方式取缔妓院，至1924年撤销禁令，妓女又纷纷回到四马路一带的"黄金圈"（安克强《上海妓女》，上海古籍出版社，2004，页239—248）。的确，"画舫"虽阔绰，秦淮风月一去不返。另一方面，当日南社诸人以明末"几、复风流"自命，吃花酒乃家常便饭，借妓院作掩护干革命；而到二十年代，像包天笑、周瘦鹃都成了大众文化的生产机器，难得一次"天平俊游"，周瘦鹃却"以海上诸务猬集，归心如箭"，赶乘晚上九点十分一班快车返沪，回家倒头便睡，"梦中栩栩然，似犹在画舫花阵间也"。

从《上海画报》1927年4月刊出的"未发迹时苏台垂钓之富春楼"的照片（图260）看，她已离开苏州。5月30日又刊出照片说："富春楼来自吴下，树帜小花园，好装饰，放浪不羁。凤珠系其小名，亲笔所书。"她已从苏州移至上海，以图发展。在与毕庶澄了结之后遇到了袁寒云。这位袁世凯的二公子在上海吃得开，背后有黑道势力。1922年管海峰拍成《红粉骷髅》一片，请袁挂编剧之名，奉送五百大洋，可见其名气。袁

当年不满其父称帝，因此有点文化资本，也富于才情，作为
《上海画报》的台柱之一，经常发表其诗词与书法作品，不少是
写给妓女的。1927 年 1 月 30 日《上海画报》这一期为富春楼做
足宣传，在头版刊出一张照片（图 261），第二版又有一帧男装
照（图 262），寒云为之题词"翩翩浊世"，又曰："富春楼主六
娘，字凤珠，绝代姿也。张帜海上小花园，此影翩翩若佳公子，
特题贻《上海画报》刊之。"另外又有送给富春老六的对联：
"文采九苞凤，伶俜十斛珠。"（图 263）细毫小篆写得认真。有
趣的是同一期另一版上刊登"袁寒云先生及其眉云夫人"的合
影，他妻妾成群，却到处寻花访柳，这回迷恋的正是富春老六。

图 261　海上名花富春楼六娘，《上海画报》，1927 年 1 月 30 日

袁寒云在《尊畔小语》中自述 1926 年底重来上海，设筵为眉云夫人庆生，席间召妓，朋友向他介绍富春老六，说她是"老伶王大入室弟子"，"王大"疑是名震海内的"旦界第一人"王瑶卿，有点来头。袁寒云不在意，说自己绝迹欢场已有三年，没有谁能看得上的，但这回在他眼中的富春："秾纤修短，得度得中，袅娜翩翩，亦幽亦丽，其貌其态，固超超于群葩之上"，"当其回眸一盼，予若有不能自已者"。当即被她迷倒。此后每

图 262　翩翩浊世，《上海画报》，1927 年 1 月 30 日

次聚饮，必把她召来，渐渐发觉"其豪迈，亦胜于人"，对她愈发着迷。有人对他说："伊放荡甚，君勿近之。"他笑说："予之取材，正虑其放之未能纵也。"意谓恐怕她放纵得不够，与老六大有惺惺相惜之慨。

周瘦鹃是《上海画报》的记者，日常要供稿。他和寒云是金兰之交，遂作《花间琐记》应景，刊于同一日画报上。文中写道："富春楼六娘，氏徐，小字凤珠。婀娜敏活，眸子着人欲靡，云兄剧赏之，每宴必召六，意兴飙举，饮无算爵。"周在《天平俊游记》一文中对富六毫不着墨，大约无甚印象，这回"眸子着人欲靡"似乎一语道出袁寒云为她着迷的秘密，不啻为"绝代姿也"做了个画龙点睛的脚注。

图263　袁寒云书赠富春楼对联，《上海画报》，1927年1月30日

袁寒云常为妓女赠字品题，多半帮衬生意起广告作用。"翩翩浊世"含"出淤泥而不染"之意，以此拔高富六颇不寻常，似不无袁氏自我的镜像投影。她的相片经常见诸《上海画报》头版，服饰之讲究比起名媛闺秀似更有过之，照片更遍及各种小报。富六在初至上海的一段时间里以小家碧玉的形象示人，

头梳双鬟，稚气烂漫，然而服装款式与一般流行的短袖旗袍不同，穿宽袖旗袍很有复古时尚的意味。其后转变画风，扮成雍容华贵的妇人，穿一袭满是云彩与龙纹图案的旗袍，显得霸气，想必色彩极其浓艳，出现在《上海画报》《红玫瑰画报》与周瘦鹃的《紫罗兰》杂志（图264）上。

图264　富春楼,《紫罗兰》, 1928 年 11 月

图 265　名花富春楼六孃之男装,《上海画报》, 1928 年 12 月 15 日

　　再有就是男装照, 自从袁寒云为她题签"翩翩浊世"之后, 这基本上成为富春楼的标准肖像。如 1928 年 12 月 15 日《上海画报》上, 她身穿长衫, 头戴毡帽, 一脚踏在长椅上, 腰板还不够挺直, 目光斜睨（图 265）。另一张男装题为"烟草美人", 作抽烟状, 刊登在 1927 年 2 月 24 日的《上海画报》上。其实妓女着男装自有其传统, 前文提到过, 在 1913 年出版的妓女影集《海上惊鸿影》中有一张名妓们的男装照（图 266）, 前面

左边即为林黛玉，手执折扇，跷二郎腿，目光睥睨，相比之下富春楼还是显得较为收敛的。

图 266　林黛玉等,《海上惊鸿影》, 1913

富春楼是个戏迷，特别迷梅兰芳。梅兰芳在沪演出期间，《罗宾汉》小报上有《富春楼中眯毒》一文对她冷嘲热讽，说她爱看梅兰芳，"便梅化得与梅老板一般幽闲贞静，这个毒倒也中得不差"（1926 年 12 月 20 日）。这么说意思好像还不坏，其实文章题目暗藏玄机："槑"是"梅"的古体字，表面上说富六中了梅兰芳的"毒"，但梅毒是妓女易得的性病，且会传染，所以对她隐含侮辱，用意恶毒。

另有《福尔摩斯》在小报中很出名，专跟富春老六作对，派狗仔记者跟踪追击。12月里连续刊出《富春楼避债到吴门》《富春楼中止赴京》两文，说她债台高筑，北上谋发展。又说她在苏州专喜与伶人相好，甚至勾搭马车夫，以致声名狼藉把客人们都得罪了，把她写得很不堪。富六一气之下向法院提出告诉。《福尔摩斯》这张报也有趣，经常被告上法庭，也会把法庭审理过程一一公诸报上，当然也是炒作手法。法院初审结果对富六不利，因为告错了人。她请的律师是上海滩数一数二的大律师陈则民，于是表示当庭撤诉，转而控告《福尔摩斯》报社主编吴微雨。法院再审时报馆认错并道歉，经调解富六同意撤销控告。12月29日该报《富春楼与本报诉讼和解录》云："富六赴苏演剧，全为热心桑梓公益起见，既无避债原因，更不希图渔利，本报记闻失实，以致发生诉讼。本月廿八日临时法院开庭审理，本报表示歉忱。富六亦深谅解，备状撤回诉讼，一言冰释，永息纠纷，诚佳事也。"可笑《福尔摩斯》前倨后恭，诚恳道歉，还妓女以尊严。从这件事可见富春楼不简单，诉诸合法斗争赢得公道，当然请得起大律师，应当破费不少吧。

图 267 《申报》，1927 年 12 月 20 日

图 268 富春楼老六之《汾河湾》，《晶报》，1927 年 12 月 18 日

和《福尔摩斯》打官司时，富六在天蟾舞台演戏，其演出广告刊登在《申报》上（图 267）。

早先《上海画报》已有过报道，说天蟾舞台老板请她去演《武昭关》《六月雪》等剧目，并说她"皆经名票友顾慕超君指授，故不同凡响云"，到年底她果然登台。几乎同时《晶报》上有她演出《汾河湾》的剧照（图 268），没说在哪个剧院。

且不说她是否在苏州勾搭马车夫，后来小报披露说她在跑马场看中一个姓毕的骑师，与他同居，骑师很穷，她负责一切花费，且怀上孩子。然而骑师移情别恋，把她抛弃，她生下孩子后就去了北平。这大概实有其事，是 1930 年初的事了。

图 269　富春楼与小香妃、红萼合影，《风月画报》，1930

富春楼在北平与当地花界四金刚小香妃、红萼一起合影（图 269），又与名妓周五小姐同游万寿山，"携手徜徉，形骸放浪，进餐时不用刀叉，以手取食物大嚼"（《天津商报图画半周刊》，1930年第1卷第27期）。她的北平之行似颇为张扬，记者一路跟进，其行踪不时见诸报端。《上海画报》刊登来自北京的报道，披露她"失意"于骑师的故事，最后说她"暂居德国饭店，以度其浪漫生活云"。

图270　车站留影，（右起）香妃、富春楼、乐咏西、红尊，《北京画报》，1930

《北京画报》上可见富春楼返沪时四金刚等在火车站送行的照片（图270）。照片中的男士乐咏西，属于开设同仁堂的乐氏家族，自己开设永仁堂，在京城也是个吆五喝六的人物。如上"百度"搜索，说他"是九城闻名的玩家：票戏、玩鸟、养鸽子、斗蛐蛐等，样样都玩得轰轰烈烈"。这张照片是乐咏西之子乐元可所摄。对于富春楼，这些大约也是她所预期的，公宣意义大过散心的目的，无论沉浮，好似若无其事，豪放如故。

图 271　花国总统富春楼，《天津商报画刊》，1933

1933 年 1 月 8 日上海新世界游乐场举办"上海救济东北游艺会花舞竞选"活动，富春楼以 50875 票当选为"花国总统"。南北小报纷纷报道。男装扮相成为她的标准照（图 271），其为晚清妓女"髦儿戏"奇装异服的流风余韵。

图 272　花国全体，当选花国总统之富春楼老六男装，《时代》，1933

图 273　一月八日选举之夜新世界大门即景，《时代》，1933

《时代》刊出选举全体照（图272）、富春楼肖像照以及新世界夜景照（图273）。这次选举规模甚大，包括舞女，第三名为"花国舞后"。

1936年富春楼嫁与盛杏荪之女婿周文瑞为妾，至1946年又成为小报新闻焦点。周文瑞在汪伪时期担任财务局局长等职，抗战胜利后以"汉奸罪"入狱。小报争相揭露富春楼的种种秘密，或说她有"克夫"相，或说她去提篮桥探监时遭众人唾骂，或说她将财务藏匿于尼姑庵等，不一而足。笔者所见最晚近一篇文乃1949年《七日谈》中俞逸芬《一代尤物富春楼》一文，主要讲她与毕庶澄的一段故事，认为北伐军不费吹灰之力收复上海，"说者因谓间接实拜富六之赐，论其功绩，盖差足与赛二爷比烈已"。说她的功劳可与赛金花相比。最后说周文瑞在狱中，她送衣送食数年如一日，有人见到她蓬首垢面，无复当年风韵，所谓"其能笃于风义，而善图晚，盖乃若此，则真绝代之尤物，而一世之名雌也"。